国家出版基金项目
NATIONAL PUBLICATION FOUNDATION

全面建设社会主义现代化国家研究丛书（第1辑）

丛书主编　颜晓峰

加快推进社会治理现代化

屈婷　陶红茹　著

天津大学出版社
TIANJIN UNIVERSITY PRESS

图书在版编目(CIP)数据

加快推进社会治理现代化 / 屈婷, 陶红茹著. -- 天津 : 天津大学出版社, 2023.1

（全面建设社会主义现代化国家研究丛书 / 颜晓峰主编. 第1辑）

国家出版基金资助项目

ISBN 978-7-5618-7355-7

Ⅰ. ①加… Ⅱ. ①屈… ②陶… Ⅲ. ①社会管理一现代化管理一研究一中国 Ⅳ. ①D63

中国版本图书馆CIP数据核字(2022)第236462号

加快推进社会治理现代化

JIAKUAI TUIJIN SHEHUI ZHILI XIANDAIHUA

出版发行 天津大学出版社
地　　址 天津市卫津路92号天津大学内(邮编:300072)
电　　话 发行部:022-27403647
网　　址 www.tjupress.com.cn
印　　刷 北京盛通印刷股份有限公司
经　　销 全国各地新华书店
开　　本 710 mm×1010 mm　1/16
印　　张 12.25
字　　数 235千
版　　次 2023年1月第1版
印　　次 2023年1月第1次
定　　价 30.00元

总　　序

2020年是全面建成小康社会的决战决胜之年，也是从全面建成小康社会向全面建设社会主义现代化国家迈进的历史转折之年。“继续在人类的伟大时间历史中创造中华民族的伟大历史时间”，这是习近平总书记在2020年春节团拜会上为当代中国共产党人标定的时代坐标、确定的时代使命。全面建设社会主义现代化国家，就是中华民族在这一“伟大历史时间”进行的伟大历史实践。2020年初突如其来的新型冠状病毒肺炎疫情（以下简称新冠肺炎疫情）给中国和世界其他国家的发展带来前所未有的冲击，但中华民族从来都是在磨难中成长、从磨难中奋起的，人类社会从来都是在危机中嬗变、从危机中转型的，现代化的潮流势不可挡、青山难遮。由天津大学社会主义现代化研究中心组织撰写、天津大学马克思主义学院院长颜晓峰担任丛书主编、天津大学出版社出版的“全面建设社会主义现代化国家研究丛书”（第1辑）正是配合开启全面建设社会主义现代化国家新征程，探索新课题、服务新实践，为全面建设社会主义现代化国家提供理论支持的研究成果。

现代化是资本主义产生以后，在科技革命、产业革命、社会革命、思想革命的推动下，一些国家出现的从社会生产到社会生活、从社会结构到社会机制、从社会精神到社会文化的整体性转型，是世界近代以来持续推进、逐步拓展、不断深化的“历史向世界历史转变”的进程，同时又是在矛盾积累、危机孕育、时局动荡中调整变革的进程。马克思、恩格斯深刻揭示了资本驱动的现代化内在的尖锐矛盾，批判了现代化进程中对生产力的破坏和对工人的奴役，同时也肯定了资本主义生产第一次创造出为实现社会全面进步、人的全面发展所必需的财富和生产力。在马克思、恩格斯看来，社会主义是在继承资本主义文明成果的基础上对资本主义的否定和改造，是在各个领域创造出高于和优于资本主义现代化的新型现代化。马克思在《哥达纲领批判》中阐述的共产主义社会高级阶段，包含消灭旧式分工，消灭脑力劳动和体力劳动对立，劳动成为生活的第一需要，个人的全面发展，集体财富的源泉充分涌流等，这些都是社会主义现代化的本质内涵。十月革命后，苏联等社会主义国家在各自的社会主义建设过程中，探索了社会主义的高级阶段或发达阶段（即现代化阶段）的目标、标准和途径，开始了社会主义现代化实践和思想的双重进程，但因种种历史原因，有的遭遇挫折，有的半途而废。

建设社会主义现代化国家，是中华人民共和国成立后我们党的不懈追求。中华人民共和国成立后，我们党把科学社会主义理论同中国现代化实际相结合，多次提出社会主义现代化的建设目标、主要内容和实现步骤，开始了建设社会主义现代化的艰辛探索。改革开放以来，几代中国共产党人开拓创新、接力攀登，持续探索“建设什么样的社会主义现代化国家，怎样建设社会主义现代化国家”的问题，把科学社会主义理论同建设社会主义现代化实际相结合，开创了中国特色社会主义现代化道路。中国特色社会主义现代化道路，从世界历史的坐标看，是在世界现代化几百年的历程中，在主要资本主义国家现代化进程已经完成的基础上开辟的一条新型现代化道路。从当代世界的坐标看，是在广大发展中国家追求现代化的艰难起飞中，从中国国情出发开辟的一条新路，从而给世界上那些既希望加快发展又希望保持自身独立性的国家和民族提供了全新选择，贡献了中国智慧和中国方案。中国的现代化道路不仅是自己的道路，而且具有世界意义；不仅具有中国特色，而且反映世界趋势。更为重要的是，我们要建成的是社会主义现代化国家，是有着独特本质、内涵、优势、特色的社会主义现代化国家。再经过 30 年左右的奋斗，我国全面建成富强民主文明和谐美丽的社会主义现代化强国，其世界历史意义不亚于十月革命，是中国共产党对科学社会主义的最重要贡献。

党的十九大开启了全面建设社会主义现代化国家的新征程，这是马克思主义指引中国共产党近百年历程新的伟大革命，是科学社会主义在中国新的伟大创举，是马克思主义基本原理同新时代具体实际相结合新的伟大实践。面对新的使命任务，必须进行从历史到未来、从理论到实践、从全局到局部、从战略到方法的系统深入研究。习近平新时代中国特色社会主义思想，从理论和实践的结合上系统回答了“新时代坚持和发展什么样的中国特色社会主义、怎样坚持和发展中国特色社会主义”这一重大时代课题。“全面建设什么样的社会主义现代化国家、怎样全面建设社会主义现代化国家”，则是对这一重大时代课题的深入和展开。深入研究这一课题，需要从以下三个方面整体推进。

一是社会主义现代化的历史研究。社会主义现代化是世界现代化进程的客观要求，特别是社会主义历史进程的必然趋势。历史研究是社会主义现代化研究的基础，包括实践史和思想史。党的十九大开启了全面建设社会主义现代化国家新征程，必将把社会主义现代化的实践和思想提到一个前所未有的历史高度。随着习近平新时代中国特色社会主义思想不断发展，社会主义现代化思想在其理论体系中必然具有更加突出的地位。

二是社会主义现代化的领域研究。现代化是全面的现代化。全面建设社会主义现代化国家，本身就要求现代化的总体性，不能单打独斗。同时，社会主义现代化是由各个领域的现代化构成的，需要将总体研究与局部研究相结合，从各个领域的现代化研究入手，深化对全面建设社会主义现代化规律的探讨。我们党在追求现代化的进程中，曾提出“四个现代化”的构想。随着党对建设中国特色社会主义总体布局认识的拓展，“四个现代化”显然已不足以涵盖现代化的基本领域。因此，要深入研究社会主义经济、科技、政治、国家治理、文化、社会、教育、生态、国防、党建、人的全面发展乃至公共卫生治理等领域的现代化建设。

三是社会主义现代化的问题研究。社会主义现代化研究离不开大量的实证研究，运用数据分析，构建科学模型，提供决策支持。同时，理论是研究的纲和魂，实证研究离不开理论研究。要以社会主义现代化为对象，对其中的重大问题作出理论说明和论证，从而逐步加深对社会主义现代化建设规律的认识。理论研究越严谨扎实、深刻彻底，对社会主义现代化建设规律的认识就越全面准确，全面建设社会主义现代化国家的进程就越顺利，目标就越有把握实现。全面建设社会主义现代化国家的新征程，是中华民族伟大复兴的壮丽篇章，是马克思、恩格斯设想的人类社会美好前景在中国大地的生动展现，是马克思主义在新的伟大实践中大发展的极好契机。

天津大学与中国现代化的历史紧密相连。天津大学建校于1895年，前身为北洋大学堂，是中国近代高等教育史上建校最早的高等学府。第二次鸦片战争后，学校所在地天津被开辟为通商口岸，近代工业、贸易、金融、交通、教育发展起来，天津成为中国开始现代化的先行地、近代城市的领先者。这为学校吸收世界现代化的文明成果提供了丰厚土壤，同时学校也是天津乃至中国近代教育、科技、思想、文化发展的贡献者。北洋大学堂开办之初即设立工程、矿务、机器和律例四门学科，以兴学强国为使命，以培养现代人才为目标。学校创建早期培养出的人才中，王宠佑成为中国现代炼锑技术的开创者，马寅初成为著名经济学家、教育家、人口学家，刘瑞恒成为中国近代公共卫生事业的创建者，秦汾成为中国著名数学家，齐璧亭成为中国近代知名的教育家、女子师范教育奠基人，等等。中国共产党早期的重要领导人之一、中国共产主义青年团的创始人之一张太雷，1915年考入北洋大学法科。中华人民共和国成立后，1959年党中央公布了第一批16所全国重点大学，天津大学名列其中。改革开放后，1995年学校成为“211工程”首批重点建设大学，2000年学校被确定为国家“985工程”重点建设的高水平研究型大学。进入新时代，2017年学校成为首批“双一流”建设高校。学校围绕建设“综合性、研究型、开放式、国际化”的世界一流大学总体目标，秉持“中国特色、世界一流、天大品格”的核心理念，传承“兴学强国、实事求是、严谨治学、爱国奉献、矢志创新”的天大品格，努力培养一流人才、建设一流队伍、打造一流学科、贡献一流学术、营造一流环境，推进“强工、厚理、振文、兴医”学科布局，聚焦国家重大战略需要，聚焦世界科技发展前沿，面向国民经济主战场，培养全面发展的高素质创新人才，为全面建设社会主义现代化国家作出天大的贡献。这些贡献就包括依托学校的历史传统、学科优势、人才资源，充分利用天津大学社会主义现代化研究中心这个平台和基地，创作出更有质量水准、更符合全面建设社会主义现代化国家理论需要的多学科成果。

“全面建设社会主义现代化国家研究丛书”（以下简称“丛书”），自党的十九大后开始策划、组织撰写，经各位作者和编辑的共同努力，第 1 辑现出版发行。“丛书”（第 1 辑）的选题主要围绕全面建设社会主义现代化国家的系统布局，对全面建设社会主义现代化国家的主要领域进行全面深入、通俗易懂的描述，为高校师生、党员干部、理论工作者及广大读者提供系列理论读物。“丛书”是开放式、渐进式的，将跟踪全面建设社会主义现代化国家新征程的进展，依据主创者、出版方、作者对这一新的伟大社会实践的新认识，拓展范围、深化研究，丰富题材、提高品位，继续推出新的选题，出版新的著作，与实现第二个百年奋斗目标的发展阶段同行，与全面建设社会主义现代化国家实践中的重大问题共生，与国内外相关研究的前沿成果互鉴。我们诚邀校内外的专家学者一起参与这套丛书的撰写，一起推进社会主义现代化的研究，不负时代、不负使命。

李家俊　天津大学党委书记

金东寒　天津大学校长

2020 年 6 月

目　　录

第一章　社会治理的历史发展

自人类文明产生开始就有了对社会的管理活动。人类文明经历了农业社会、工业社会和后工业社会三个历史阶段。在不同的历史阶段，由于生产力发展水平、生产方式和生活方式不同，政治、经济、社会等各领域的发展程度与结构也不同，因而社会管理或治理的方式也大有差异。近代以来，随着市场经济的发展，市民社会日益壮大，社会公共事务也日趋复杂化，这在根本上丰富了社会治理的对象与内涵，推动了社会治理的变革。社会治理的核心问题是如何实现对公共事务的认识、掌握、建设、变革和改进，协调各方权益，促进公共利益，实现社会良序、稳定和和谐地发展[①]。这是当今世界绝大多数国家面临的共同任务，但中西方走向社会治理的路径各有不同。西方国家从市场主导型、政府干预型走向政府职能向市场与社会回归的社会治理模式；而中国从国家管控型、社会管理型逐渐走向共建共治共享的社会治理模式。

第一节　从统治、管理到治理

在不同的社会发展阶段，人类社会具有不同的社会结构方式。社会结构可以划分为许多层次，不同层次的结构都是对社会系统的某些部分、要素、方面所构成的相对稳定的关系的抽象把握。广义上的社会结构，就是指人类社会活动的几大领域之间的关系，即马克思在 1859 年《政治经济学批判》序言中所集中表述的经济基础与上层建筑，经济领域、政治领域、文化领域之间的矛盾关系。社会结构的变迁体现出人类社会转型的深层次特征。在农业时代，社会结构的特征是“领域合一”，社会结构中占主导地位的是政治领域，国家与社会不分，或更准确地说是国家统摄社会，由国家政治强力实现对整个社会的统治与整合。工业社会开启了社会结构的“领域分离”，市民社会从国家统治中脱离出来，经济领域获得了

---

① 张国清：《社会治理研究》，浙江教育出版社，2013，第 622 页。

独立的地位，而在政治领域，政治与行政的二分使得政府成为专门的行政部门，政府运用科学的手段管理社会。随着后工业社会的来临和网络信息技术的飞速发展，治理理论在西方兴起并逐步向全世界传播，多元治理主体平等合作的治理渐成趋势。“少一些统治，多一些治理”已成为21世纪世界主要国家社会变革的重要特征。

一、农业社会的政治统治

农业社会建立在自给自足的自然经济基础之上，人们以血缘、地缘等自然同质性因素相联系，以家庭为基本单位进行分散的农业生产，生产的目的是满足家庭自身的需要。随着社会分工的发展，社会生产不但能满足人们基本生存需要，还有了一定的剩余产品，剩余产品带来了社会贫富分化，私有制产生，人类社会进入了阶级社会。农业社会是熟人社会，社会分工简单，生产方式落后，交往方式确定，社会流动性弱。国家和社会还没有分化，国家高度支配社会，社会没有自主性。

因担忧国家中各个群体在相互争斗中将社会毁灭，人们对社会秩序的需求越来越迫切，这一需求也成为人类社会中的“瓶颈需求”①。正是由于对社会秩序的现实需要，政治领域成为社会结构中占据中心地位的领域，经济领域和社会领域则依附于政治领域而存在，它们不但不会妨碍政治领域，而且成为维护政治秩序的力量。“在这样的社会里，诸领域便必然是以政治活动为中心而直接地统合为一体的，这种社会结构的方式可称之为领域合一的结构方式。”②在这种领域合一的社会结构中，政治的标准成为衡量一切人类活动的基准，政治主宰着经济和社会，政治规则向经济领域和社会领域渗透，政治组织同时也是经济组织、社会组织，这也意味着经济组织、社会组织具有政治性质，只有依赖政治体系才能运转。“农业社会是一个较为简单的和具有确定性的社会，所以，依靠权力就能够基本实现对社会的控制。”③除了凭借权力高度集中的政治体制对社会生活进行全面的、直接的管控，国家还依靠以血缘关系为纽带形成的宗法观念维持社

① 王南湜：《从领域合一到领域分离》，山西教育出版社，1998，第102页。

② 陈宴清：《当代中国社会转型论》，山西教育出版社，1998，第7页。

③ 张康之、张皓：《在后工业化背景下思考服务型政府》，《四川大学学报》（哲学社会科学版）2009年第1期。

会秩序，形成以人身依附为核心的等级关系，这是一种典型的政治统治型的社会控制模式。虽然在统治型的社会中也存在一些管理行为，但是这些管理行为是依附于统治而存在的。

国家凭借强制性权力自上而下对社会进行政治统治，强制力量的大小直接影响到社会秩序的维持与社会的有效整合，甚至影响到后续的发展。以封建时代的欧洲各国与中国为例，中世纪欧洲由于各个国家力量始终不够强大，就形成了不同等级的分权模式；而中国自秦朝至清朝的漫长封建时代，国家力量总体上比较强大，能持续维持中央集权的统治模式。但无论中国还是欧洲，彼时都是建立在农业自然经济基础上的等级制社会。无论分权还是集权，统治阶级都是通过等级森严的社会制度来对其所辖的臣民进行统治的，而臣民则屈服于政治权力。需要注意的是，欧洲君权的相对弱小及其与宗教权、市民权之间的分权状态，为西方城市的崛起和商品经济的发展提供了“空隙”。也就是说，市民社会亦即马克思所说的“直接从生产和交往中发展起来的社会组织”[①] 有了发展的历史机遇。而与之相较，中国由于封建国家统治能力的强大，虽创造出了农业社会能取得的巅峰成就，但也致使城市和商品经济始终处于国家的严密控制之下。因此，在中国的历史上，社会同国家的分离很难自然发生，而未等到自然发生，近代中国就受到了西方先发国家坚船利炮的冲击，被迫走上了一条更为曲折、条件更为艰苦的现代化之路。

二、工业社会的科学管理

在工业社会以前，人类社会结构各领域的分化是极其缓慢的。工业革命的发生大大加速了社会结构各领域之间分化的进程。工业革命推动了社会化大生产和普遍的社会交往，经济活动的地位日益凸显，并逐渐取代以往的政治活动承担社会整合功能。经济领域从社会结构中分化出来与政治领域并立，这被波兰尼称为“我们时代的大转型”。领域的分离不是社会结构诸领域各不相干，而是各领域之间存在一定张力。这种张力过大或过小都不能有效发挥各领域的作用。社会的发展就是不断调适各领域之间的张力，寻求它们之间的平衡。资本主义社会最先发生了整个社会结构向市

① 中共中央马克思恩格斯列宁斯大林著作编译局编《马克思恩格斯选集》第 1 卷，人民出版社，1995，第 131 页。

场、政府和社会这三个方面的分化。工业社会面临的复杂性和不确定性增强，为了协调多元化的社会关系，满足人们多样化的公共服务需求，行政从政治中分离出来，成为一个“事务性领域”，政府成为独立的行政部门，主要运用专业化和科学化的手段规范社会生活、管理公共事务。社会的政治功能被剥离，农业社会以统治为核心的社会控制模式逐渐被工业社会以科学管理为核心的模式所替代，现代国家的统治属性依然存在，但行政的统治色彩淡化，政府成为一个管理的主体。

工业革命首先为市场经济的发展奠定了技术基础。工业革命大大提高了劳动生产率，推进了社会分工的高度发展，为了市场而生产的动力愈加强劲，而市场作为一种调节机制的作用也日益凸显。在市场经济条件下，人们的生产与生活都是以个体为核心形成的社会分工协作体系。分工使人们在更广泛的范围内联系起来，每一个人都为他人而生产，同时也依赖于他人的生产满足自己的需要，由此形成了马克思所说的“以物的依赖关系为核心”的社会关系。这种关系被视作市场自发秩序的产物。而这种社会秩序的产生方式相较于以政治活动为中心的社会秩序无疑具有明显的优势。市场机制在一定程度上卸除了政治强力的功能和责任，成为社会整合的核心机制。但政治系统维护社会秩序的作用依然重要，正如艾伦·伍德所言：“资本主义的标志不仅在于形成了一个专门的经济领域及其榨取剩余的经济方式，而且在于一个拥有空前公共性质的中央政府。”[①] 也就是说，政治和经济的分离不代表经济基础与上层建筑的连续性的断裂，而是要求政治和经济领域分工协作、密切配合，使“统治”或“治理”变得更具技巧性和专业性。譬如说，工业革命和市场经济引起社会自身两个维度的重要变革：其一是市民社会的壮大，其二是陌生人社会和“流动性”社会的形成。这都对社会治理提出了更高的要求。

市民社会孕育于市场经济之中，市民社会的产生本身就是领域分离的重要表现。普遍分工和交换大大拓展了人们的社会联系，这种社会交往成为一个独立的领域，不但独立地满足人们的物质需要，还能自发地产生社会秩序。这使得个人从传统的家庭和地域的束缚中解脱出来，也使整体性的市民社会从对国家的依附中脱离出来，成为与国家相对的领域。市民社

① 艾伦·伍德：《民主反对资本主义——重建历史唯物主义》，吕薇洲等译，重庆出版社，2007，第40页。

会的核心是利益，个人的利益只有依靠自己去维护和获取，个人有了参与社会管理的必要性。但孤立、分散的个人在强大的国家面前显得微不足道，只有联合起来才能有效参与社会管理。因此，经济领域的契约原则便扩展到其他领域，并表现为不同的形式。在经济社会领域，结社或者说社会组织成为市民社会力量的重要载体；而在政治领域，政治民主化和法治化使得不同利益集团可以通过民主制度参与决策，“政府的制度逻辑就是通过立法与科层等级组织来对人类活动进行理性化和调节规制”[①]。当然这并不是一个一蹴而就的过程，“从近代以来社会治理的演进来看，有着一个从政治过程向管理过程的发展历程。近代早期，社会治理进程中尚未出现管理自觉，此时的治理基本上是以政治的形式出现的。20 世纪，政治自身开始分化，即从政治中分化出了管理”[②]。整体来看，在工业社会中，国家及其政府占据着社会管理的核心地位。

工业社会是典型的陌生人社会和“流动性”社会。从资本主义原始积累阶段到后来的工业化与城市化进程，都贯穿着大批农民离开其家园故土到陌生的城市寻找生存和发展机会的流动。社会的流动不仅意味着人们的生活环境发生了变化，同时也意味着人们的生活方式的根本改变。离开家园脱离家庭的人们在市场交换中成为追求利益的原子化的个体，这催生了个体的权利意识。人的原子化和维护个人利益的需要，使契约关系和契约精神成为必需，“在陌生人社会中，人们之间的交往是通过契约的中介才得以实现的，这个社会的治理体系也是建立在契约之上的”[③]。而工业社会的法律制度在本质上也无非是契约关系的反映和出于维护契约关系的需要而建立起来的[④]。与此同时，面对社会流动性所带来的社会不确定性和复杂性的增强，政府更多地采用以技术为核心的具有形式性和科学性的管理方式，这是“一种以控制为导向的治理，它的官僚制组织形式、权力体系和法律制度，都从属于社会控制的需要”[⑤]。工业社会形成一种以具有理性精神的官僚制为核心的社会控制模式，“在工业社会，通过组织的中介，我

① 沃尔特 • W. 鲍威尔、保罗 • J. 迪马吉奥、姚伟：《组织分析的新制度主义》，上海人民出版社，2008，第 271 页。

② 张康之：《合作的社会及其治理》，上海人民出版社，2014，第 226 页。

③ 张康之、张乾友：《共同体的进化》，中国社会科学出版社，2012，第 53 页。

④ 同上书，第 71 页。

⑤ 同上书，第 86 页。

们每一个人则都处在了一种非人格化的管理与被管理的关系之中”①。

工业社会的契约关系虽然淡化了权力统治的色彩，以一种形式化的管理方式实现目标，控制的方式、手段具有多样性，但这不过是其追求效率的表现。在科学主义的推动下，效率成为唯一的标准，一切领域的活动都围绕着效率来进行。社会结构的各领域应该有自己的目标，都无权要求某个领域的目标绝对化。各领域之间应该保持恰当的比例，这是正义原则的体现。领域分离使社会结构各领域之间无法在形式化的统一中实现各自的目标，造成各领域目标的冲突。而经济领域效率原则的绝对化侵蚀了政治领域的正义原则和社会领域的公平原则。工业社会通过法律和制度的形式进行社会管理，建立了法制框架，并呈现出法治的特征，表现出了比农业社会通过权力实现的直接人身支配更高的文明形态，但是这种文明形态仅仅具有形式上的正当性，其实质是维护拥有生产资料的资产阶级的利益。建立在资本主义私有制的基础上的资产阶级民主制度号称维护全民的利益，但在现实中，由于经济地位的不平等，不占有生产资料的工人、农民等仅仅享有形式上的自由和平等。正如马克思所揭露的，资本主义私有制造成人的本质的异化，其本身固有的无法克服的矛盾，使其无法实现的人的自由全面的发展。资本主义制度本质上是依托资本逻辑获取剩余价值，建立在资本逻辑之上的法律和制度的根本目的也是服务于资本的利益。

三、后工业社会的合作治理

后工业社会是以信息技术为支撑、以服务业为主体的社会，它不是对工业社会的“告别”，而是工业社会进一步发展的产物。自 20 世纪 80 年代开始，信息技术革命使世界各国的联系更加密切，相互依赖程度加深。社会交往突破了组织的界限，借助于网络技术，发展为一种无边界、无限制的交往。社会的流动更加频繁，社会运行速度加快，危机事件频发。后工业社会全球化、多元化和网络化的特征造成高度不确定性和高度复杂性，“治理的‘领域’——它从未如此容易发现——已变得更加分散，在

① 张乾友：《社会治理的话语重构》，中国社会科学出版社，2017，序言第 5 页。

观念上更加碎片化，也更不易受到政治或技术上的控制”①。因此，德国学者贝克将后工业社会称为“全球风险社会”。风险社会的来临加速了当代意义上的治理理论和社会治理的产生。

治理理论兴起于西方，在很大程度上是为了应对现代国家的危机而产生的。其一是许多发达国家的政府都面临严重的财政危机。肇始于经济危机时期的凯恩斯主义主张国家干预经济政策，导致政府的职能不断膨胀，各国财政赤字大增，债台高筑，社会福利在巨大的财政压力下难以为继，引起了公众极大的不满。其二是政府机构膨胀，效率低下。不同于工业社会的政府与被管理者之间有明确的区分，后工业社会的国家角色与政府职能发生变化，多元主体广泛介入社会公共事务之中，这使得公共部门与私人部门以及公共部门内部的边界日渐模糊。其三是民主政治陷入困境。国家权力的过度集中使得自治、分权等观念动摇，国家被一些大的利益集团控制，普通民众缺乏有效的政治参与手段而被排斥在政治过程之外。民众的知情权、参与权无法得到有效保障。这都要求国家变革其管理模式，以适应社会不断变化的需要。

治理理论逐步向全世界传播，这是因为大量的社会问题和社会矛盾是处在社会转型期的发展中国家所面临的共通性问题。无论什么政治体制的国家，为了解决社会转型时期的问题和矛盾，都不得不进行社会治理理论和实践的探索。后工业社会政府表现得比以往任何时代都要更有力量，但是现实中，不管政府把自己塑造得如何强大，都无法对社会进行全面的、无遗漏的控制。政府的控制能力在弱化，“在许多地方，政府的控制不仅无法取得明显的效果，反而会引发无穷无尽的意料之外的后果”②。特别是网络社会中各领域之间的边界逐渐模糊，领域融合的状态日益明显。后工业社会的复杂程度正以前所未有的速度加深，必须以全新的社会治理模式来应对复杂社会的挑战。因此，政府必须从根本上转变思维方式和行动方式，从“全能政府”转向“有限政府”，引导并促进社会多元治理主体的发展、成熟、壮大，探索多元治理主体平等合作的治理模式。

政府与社会的合作治理是社会治理的核心要义，而合作治理也将反过

① Thomas J. Catlaw, “ From Representations to Compositions: Governance Beyond the Three-Sector Society,” *Administrative Theory & Praxis*, 29, No. 2 (Jun. , 2007) : 236-237.

② 张康之：《合作的社会及其治理》，上海人民出版社，2014，第 162 页。

来重塑政府与社会各自的角色及其相互关系。在合作治理中，政府不再是最高的权威，“全能型政府”淡去，而服务型政府成为一种国际化的潮流。“政府是以合作治理主体中的多元治理主体中的一元的形式出现的，它所拥有的是服务型政府的性质，所扮演的是引导者的角色，所发挥的是引导多元治理主体以合作的方式开展社会治理的功能。”① 合作治理以社会多元治理主体的发展为条件，也将进一步推动社会主体的多元化发展，“新兴的社会自治不是参与政府所实施的社会治理，而是以独立自主的合作治理主体的面目出现，在它与政府的关系中，政府并不是中心，它也不是边缘性的存在，它所扮演的是与政府一道合作治理”②。此外，基于合作的社会治理不再以强制性的外在统治和管理为特征，而是一种更能体现人的自由的秩序。因此，合作不仅是一种手段，也是一种价值，“在后工业化的进程中，人们是无法逃避合作的责任的，生存在这个社会中的人唯有与他人合作才能发现自我及其价值”③。合作治理的目标就是通过国家和社会的双向良性互动，调动社会多元利益主体各自的知识、能力、信息或资源等来参与社会治理，最终实现合作共赢。在这个过程中，政府要以积极的心态面对合作治理带来的变革并对其进行引导和规划，成为社会治理变革的引领者。

第二节　西方国家的社会治理经验

西方国家在工业革命与市场经济的推动下先行步入现代社会，也最先围绕现代国家和政府的职能进行了探索，其核心问题就是如何协调政府、市场与社会的关系来实现对公共事务的管理。西方国家对社会的治理经历了由市场主导型，到国家干预型，再到政府职能向市场和社会回归的过程，其基本线索就是不断调整政府、市场与社会各自作用的范围。市场主导型推崇市场的作用，将以市场为核心的经济领域从社会中脱离出来主导社会发展；政府干预型强调政府的作用，通过政府干预使经济领域服务社会发展，以福利国家为典型；政府职能向市场和社会回归，是让公共权力

① 张康之：《合作的社会及其治理》，上海人民出版社，2014，第157页。

② 同上书，第21页。

③ 同上书，第8页。

向市场和社会回归，并大力发挥非政府组织的作用。从西方国家社会治理的历程中可以发现政府、市场与社会的关系在不断调整。

一、市场主导型

由市场权力取代政治权力来支配社会发展，这是文明社会的一大进步。西方世界的崛起正是源于市场经济的发展。市场机制促使经济组织高效运转，创造了巨大的物质财富，为经济社会的进一步发展创造了条件。市场主导型的社会治理是指市场机制在整个社会运行中处于核心地位，政府的作用是辅助的，仅仅限于维护市场秩序，保持社会稳定。这种社会治理模式以古典自由主义理论为指导。古典自由主义理论推崇个人自由，主张保护私有财产，反对政府干预，认为政府干预会阻碍经济增长，政府应该退出经济领域。1776年古典自由主义的代表人物亚当·斯密在《国富论》一书中强调，通过市场这只“看不见的手”就可以实现资源的有效配置，引导人们的行为，政府的角色是经济和社会的“守夜人”。亚当·斯密相信管的最少的政府是最好的政府，政府应该让市场和社会自由运转，仅仅为市场和社会提供必要的服务，如保护私有财产、保障社会安全、维护社会公平、提供必要的公共物品等。

市场经济以理性的经济人假设为前提，每个人都是自私自利的，都追求自身利益。在人们追求私利的过程中，社会利益也得到了满足。在无数追求私利的理性个体谋求自身利益的同时，社会资源得到有效分配。人们的行为受市场支配，虽然人们的行为是自私的，但是通过交换和分工人们建立起合作关系，并实现了一个并非其本意的目的，维护了公共利益，保障了社会秩序的稳定。市场经济是以交换为目的进行生产的经济，各种各样的社会要素都被囊括进市场，劳动力、土地等都成为市场中的重要资源。波兰尼认为，将劳动力、土地等本不属于市场的要素纳入市场机制意味着“使社会本身屈从于市场的法则”[①]。在资本主义早期发展阶段，市场机制发挥了重要的作用，激发人们生产的积极性，科技进步使社会生产力极大发展，实现了社会繁荣和国家富裕。英国、美国、法国、德国等主要资本主义国家在工业革命初期保持了经济长期、快速

① 卡尔·波兰尼：《大转型：我们时代的政治与经济起源》，浙江人民出版社，2007，第62页。

增长。

但是，市场机制具有自身难以克服的局限性，从而导致出现社会治理中的市场失灵问题。一方面，市场自由竞争使生产高度集中，生产集中的加剧导致经济垄断，并最终引发经济危机。19 世纪末到 20 世纪初期，西方主要资本主义国家进入垄断资本主义阶段。20 世纪 30 年代爆发的空前经济危机充分证明了自由放任的市场主导型模式具有严重缺陷。另一方面，市场机制的自发性、盲目性和滞后性产生了严重的负外部性，出现了公共物品缺失、贫富差距悬殊、社会资源浪费等问题，社会矛盾加剧，整个社会陷入失序状态。各个资本主义国家为了走出经济大萧条，应对市场失灵问题，纷纷进行各种改革。可以说，正是市场失灵为政府干预提供了充分的理由。波兰尼甚至宣称，“自由放任绝不是自然产生的”，而是“由国家强制推行的”①。

二、政府干预型

政府干预型的社会治理强调发挥政府的作用，弥补市场机制的不足，其理论以凯恩斯主义为代表，其实践则主要表现为福利国家。凯恩斯在 1926 年出版的《自由放任主义的终结》一书中宣称放弃自由放任的原则，在 1936 年出版的《就业、利息和货币通论》一书中提出国家干预理论。凯恩斯主义认为，古典自由主义理论提出的完全竞争的市场是不存在的，现实中人们的行为会受到流动性偏好规律、资本边际效率规律和边际消费倾向规律的影响，导致社会的有效需求不足，产生经济危机。凯恩斯把经济危机的根源归结为社会的有效需求不足，而仅仅靠市场的自动调节无法实现有效需求的增长，政府必须发挥积极主动的作用。凯恩斯主义认为，政府应该增加公共投资，扩大政府采购，提升人民的福利水平。政府不仅要干预失灵的市场，还要介入运转良好的市场，在社会生产、分配等领域都要发挥作用，还要维护社会公正。

政府干预理论抛弃了古典自由主义的政府“守夜人”之设定，也不再单纯依靠市场这只“无形的手”，而是强调政府是对经济和社会进行调控的“有形的手”，支持政府对经济和社会进行更全面的干预。这是因为，

---

① 卡尔·波兰尼：《大转型：我们时代的政治与经济起源》，浙江人民出版社，2007，第 119 页。

相较于资本主义的自由放任时期，资本主义社会关系日益复杂，社会治理的难度不断增加。为了缓和阶级冲突，政府不再消极应对社会领域的问题，而是积极介入社会领域，推行全民福利政策，建立社会保障制度，同时促进充分就业，维护宏观经济稳定。处在大萧条时期的美国正是由于采用了政府干预的模式，才使社会秩序逐渐恢复。美国总统罗斯福推出了全面干预经济和社会的政策，使美国走出了经济危机，确立了美国福利国家的道路。20 世纪 40 年代，英国经济学家贝弗里奇《社会保险和相关服务》的报告为英国设计了"从摇篮到坟墓"的社会福利体系，英国政府基本按照这个报告的建议建立了社会保险制度。随后其他欧洲国家纷纷效仿，建设福利国家。福利国家的建设意味着政府在经济发展、社会公平正义等方面起到了重要作用。福利国家是市场与政府、私人领域与公共领域在社会领域"调和"的产物。

政府干预型社会治理逐渐成为西方国家的主流模式，但是政府干预也带来了新的问题。凯恩斯主义具有自身的局限性，扩大政府投资会造成通货膨胀，严重的通货膨胀会导致产能过剩，引发经济"滞胀"。与此同时，长期的投资和刺激消费也使政府背负着沉重的财政负担，财政赤字连年升高。到 20 世纪 70 年代，"滞胀"状态使西方国家经济增长缓慢，公共财政大减，社会福利政策难以维持。此外，政府过多干预经济和社会事务，造成市场和社会活力不足；政府垄断也导致公共服务供给质量不佳、效率不高、体系僵化等问题，公共产品的生产和供给已经不能满足社会多样化和复杂化的需要。这就是说，政府干预并没有从根本上解决市场失灵的问题，反而带来了"政府失灵（或失败）"这样更加复杂的问题。政府失灵具有经济、政治和社会的综合性特征。因此，政府干预型的社会管理模式日益遭到强烈批评，必须要有新的治理模式应对日益严重的社会问题。

三、政府职能向市场和社会回归

现实中的市场和政府并不总是完善、有效和成熟的，市场失灵和政府失败促使人们重新关注非政府组织的作用。西方国家在走向治理的过程中有两个明显的阶段。其一是 20 世纪 70 年代末起，以哈耶克、弗里德曼为代表的新自由主义将市场机制重新引入对公共事务的管理，即基于“公共善”的视角在更高水平上向市场回归。其二是20世纪末以来，随着全球化、信息化、网络化的不断发展，社会治理面临的复杂性和不确定性因素剧增，由此治理理论兴起，开启了政府职能向社会的回归，各种非政府组织以及其他治理力量拥有了一定的社会治理责任，形成多元治理主体共同参与社会治理的局面。治理理论从对政府失灵的批判出发，探索新型的“国家与市场”和“国家与社会”关系，希望通过政府与社会、政府与市场的合作，改变传统的政府与社会、政府与市场之间二元对立的思维，在多元主体协商、谈判和合作中建立互补、互信、互惠的关系，实现善治。这种社会治理理论改变了政府垄断社会治理的模式，弱化了政府的作用，催生了多元治理主体，具有重要的创新意义。

西方国家的治理策略向新自由主义转变，是由英国前首相撒切尔夫人和美国前总统里根共同推动的。20世纪60年代末英国已经陷入严重的经济“滞胀”状态，高福利意味着高税收，公共福利开支扩大使政府入不敷出，社会矛盾激化。1979年，保守党领袖撒切尔夫人上台执政，很快抛弃了凯恩斯主义，在新自由主义指导下开启了大刀阔斧的改革，改革内容包括：（1）采取紧缩货币政策，发挥市场机制的作用，放松对私人企业的管制，鼓励自由竞争；（2）推行非国有化政策，先后对50个行业进行私有化改革；（3）消减社会福利，减轻政府负担。通过改革英国将本来由政府承担的大量工作从政府中分离出去，把一些政府机构变成非政府性质的部门，这些非政府非市场性质的机构被称为“第三部门”。英国经过将近十年的民营化的改革，有力地推动了第三部门的发展。英国的保守党连续执政18年，使经济强劲发展，英国重新成为欧洲强国。即使后来英国工党上台执政，依然实行新自由主义政策。1980年，里根当选美国总统，为了减少赤字，节省开支，提高效率，里根政府大力减免税收、减少社会福利支出、放松对企业的管制、实行货币紧缩政策，并推进私营化改革，将特定的政府服务交由私营企业提供。里根的政策促使美国经济复苏并持续增长，为90年代克林顿总统执政期间美国的经济成就奠定了基础。而克林顿继续推进政府改革，用企业家精神重塑政府，成立了全国绩效审查委员会。伴随着新公共管理运动的发展，发达国家的社会治理中多元主体参与治理成为明显的趋势。许多西方国家通过政府改革，消减政府职能，重新将市场机制引入公共事务的管理，建设有限政府。库珀指出："目前的发展趋势非常明朗，过去仅由政府部门提供的物品和服务，现已通过承包、特许、颁发许可证、发放凭证或完全放权的方式交由私人企业或非营利组织，或通过组织间签订协议的方式来提供。"① 可见，在西方国家盛行的新公共管理运动本质上是政府的职能向市场和社会回归的过程，在这场改革中，政府应该承担的社会治理职能通过合同外包的形式转移给市场和社会。但是，在新公共管理运动风行几十年后，其所追求的公共服务的有效性的目标并没有实现。各类市场组织和社会组织在争取政府外包项目时必然进行激烈的竞争，这不利于社会共识的形成。同时，当出现管理不善的结果时，政府将责任推给市场和社会，造成了普遍的责任缺失。

20 世纪末以来，全球化的发展和跨国组织的出现，使社会治理理论也逐渐向第三世界国家扩散。世界银行、国际货币基金组织、联合国开发计划署等国际性组织通过援助项目，推动第三国家进行行政体制改革，实现民主化。1989 年世界银行将撒哈拉以南非洲的状况首次概括为"治理危机"。全球治理委员会 1995 年发表的一份题为《我们的全球伙伴关系》的研究报告将治理界定为"各种公共的或私人的个人和机构管理其共同事务的诸多方式的总和"。早期治理理论关注的是如何提高政府效率，解决政府失灵问题。后期治理理论突破了国家作为权力垄断者的思维定式，致力于探索民间力量崛起带来的社会事务运行方式的变化以及国家和政府角色的变化。"在社会治理中，非政府组织作为一种新生力量而在行为方式上展现出来的新特征都在证明，我们在工业社会的历史阶段中所构建起来的社会治理模式正在受到一波比一波更强的冲击。"② 社会治理理论的美好构想也许能为第三世界国家的治理危机提供一种发展方向。但是在现实中，很多第三世界国家市场和社会都不发达，其经济基础、政治秩序、社会稳定状况都很糟糕，社会治理改革进一步强化了市场和社会对政府的依赖，政府能力不足，缺乏法治观念，往往和强势利益集团合谋，产生了严重的腐败问题。很多第三世界国家被迫接受国际组织提供援助时所附加的各种

① 菲利普 • J. 库珀等：《二十一世纪的公共行政：挑战与改革》，中国人民大学出版社，2006，第 204 页。

② 张康之：《合作的社会及其治理 》，上海人民出版社，2014，第 40 页。

苛刻的条件，结果在不具备基础条件下[①]的治理改革不但没有使其实现良好的发展，反而陷入了政局动荡、经济衰败、社会混乱的泥潭。西方的治理理论基本上都是“社会中心主义”的，所以其治理方案在非西方国家处处碰壁，因为很多非西方国家本身都是“强社会中的弱国家”，“去国家化”的治理方案根本行不通[②]。

21 世纪可谓“治理之争”的世纪。政府职能向市场和社会回归源自对市场失灵和政府失灵的反思，治理在一定程度上弥补了市场和政府的不足，但是治理存在自身局限，不可能替代市场和政府在资源配置中的作用。西方国家在治理上麻烦重重，出现了“否决型政体”[③]。而资本的无序扩张和肆意妄为给社会治理造成了“有组织的不负责任”的困境，并将人类社会置于风险之中。2008 年全球性的金融危机暴露出西方国家自身存在的“治理失灵”。在新型冠状病毒肺炎（简称“新冠肺炎”）疫情的考验下，西方国家暴露出严重的社会治理危机。根据美国约翰斯·霍普金斯大学的统计数据，截止到美东时间 3 月 7 日，全球新冠肺炎死亡病例超过 600 万，美国新冠肺炎死亡病例达到 95.8 万，占到全球总数的 16%。以美国为首的西方世界在新公共管理运动的推动下，政府之外的多元主体获得了参与社会治理的主体资格。通过治理功能的外包，新公共管理运动带来了公共性扩散的结果，赋予了许多社会构成要素以公共性的内涵[④]。理论上，多元主体参与社会治理似乎既解决了政府失灵的问题，又避免了市场失灵的发生。但是现实中，社会治理任务所具有的重要性和复杂性，必然要求多元治理主体中政府发挥主导地位并承担重要的社会整合和社会服务职能。如果排除政府的作用，其结果将会是灾难性的，会陷入“一切人反对一切人的战场”[⑤]。所以，社会治理必然要求政府在场。

在西方国家的社会治理实践中，多元治理主体平等参与社会治理的构想从来没有真正实现过，当政府把大量的公共服务外包给社会承担以减轻自身负担，当政府作为理性主体和其他主体进行利益博弈，社会成为政府

① 治理理论以新自由主义和公共选择理论为基础，需要有健全的市场制度、较高的民主程度和发达的社会组织等。第三世界国家显然不具备这些条件。

② 杨光斌：《中国政治认识论》，中国社会科学出版社，2018，第 81 页。

③ 同上。

④ 张康之、张乾友：《共同体的进化》，中国社会科学出版社，2012，第 192 页。

⑤ 黑格尔：《法哲学原理》，范扬、张企泰译，商务印书馆，1961，第 309 页。

转移责任的理想对象，而政府在公共服务中的缺位隐藏着巨大的风险。面对新冠肺炎疫情在全球肆虐，西方国家政府表现出主观上不愿意、客观上也无能力再发挥其应有的维护公共卫生安全的职能。新公共管理运动通过民营化的方式将传统上政府应该承担的责任向社会转移，由社会承担一些重要的公共治理责任已经成为普遍现象，但是在重大危机面前，政府主导作用的缺位进一步加重了治理失灵。市场、政府与社会之间关系复杂，有效的社会治理往往不是单纯的选择市场、政府与社会中的一种，而是在三者的不同组合之间选择。“有效的治理必须建立在国家和市场的基础上，它是国家和市场手段的补充”①。各种资源配置模式发挥何种程度的作用，取决于各个国家不同的国情和现实。

第三节　中国的社会治理探索

中国的社会治理探索可概括为理论创新和实践推进两个方面，两者相互促进。理论创新是实践推进的先导，是为了回应实践提出的挑战，实践推进是理论创新的动力，是对理论的检验。中国的社会治理探索可以分为三个时期：第一个时期是从新中国成立到改革开放之前的30年，主要采取国家管控模式，其重点工作是建立基本社会制度，为国家治理奠定制度基础；第二个时期是改革开放后至党的十八大，主要采取社会管理模式，在基本社会制度的基础上不断进行体制机制变革和创新，为实现社会治理现代化的目标创造新的历史条件；第三个时期是党的十八大以来，进一步探索社会治理体系和治理能力的现代化，明确提出建立健全共建共治共享的社会治理制度，推进中国社会治理的持续、深刻变化。

一、国家管控阶段

在封建社会“大一统”的国家政治传统中，国家就是长期统摄市场和社会的。新中国成立后，国家、市场和社会的关系曾走向一种极端状态：国家成为主导，社会被全面管控，而市场则被完全压制。这种模式的形成有很多原因，但最直接和客观的因素有两个：一是新中国成立初始所面临

① 俞可平：《论国家治理现代化》，社会科学文献出版社，2015，第27页。

的严峻的国际和国内政治环境；二是新中国要在一穷二白、生产力极端低下的条件下开启社会主义现代化建设。因此，建立国家强大的政治权威来保障政治秩序，并依靠国家来动员组织整个社会搞建设，几乎就成为一种必然选择。只有依靠强有力的国家政权，才能在严峻的国际和国内政治环境下将一盘散沙的社会重新组织起来进行社会主义建设，才能改变落后的生产方式，动员所有的社会资源，集中力量推动社会发展。

国家管控模式有效应对了当时面临的国内外的各种挑战，巩固了新生的政权，并为迅速恢复生产、发展经济奠定了基础。国家对社会全面管控的模式是与高度集中的计划经济体制相适应的，通过国家权力将社会组织起来，全力统合经济、政治和社会资源搞国家建设。这种政社合一的体制典型的特征就是国家与社会的领域合一，国家事务与社会事务合在一起，国家管理就是社会管理。国家管控模式在有效维护社会秩序的基础上，快速推进经济、教育、科技、文化等领域的发展，提高了人民的生活水平。正如邓小平所指出的，改革开放前的三十年“取得了旧中国几百年、几千年所没有取得过的进步”[①]。1949 年我国工农业总产值仅 466 亿元，其中农业总产值为 326 亿元，约占 70%；1978 年我国工农业产值已达到 5 689.8 亿元，是 1949 年的 12 倍，其中工业总产值为 4 231 亿元，约占 74%。在国家主导的发展模式下，中国确立了优先发展重工业的政策，逐步建立了比较完整的工业体系、国防体系和科技体系，完善了基本的政治制度，进行了土地改革、实现了妇女解放、普及了基础医疗等，这些为改革开放后的发展奠定了坚实基础。但是，中国社会的发展并不是一帆风顺的，“大跃进”“文化大革命”，都使中国社会付出了沉重的代价。

国家管控模式的典型特征是中央高度集权，以行政命令为主导，自上而下进行管理。社会资源高度集中在国家手中，政府全面控制社会，按照计划分配社会资源，以行政手段进行社会控制，以户籍制度严格限制人口流动。当时城乡分别建立了不同的社会管理形式，在城市，有工作单位的人员通过单位制被组织起来，没有工作单位的社会闲散人员和救济、优抚对象通过街居制组织起来；在农村，人民公社和生产大队将农民组织起来。无论是农村的人民公社还是城市中的单位，都是集各种职能于一身的

① 邓小平：《邓小平文选》第 2 卷，人民出版社，1994，第 167 页。

总体性组织，在其中起核心作用的都是政治与行政权力[①]。这使得国家和社会融为一体：国家具有强大的组织、动员和控制能力，国家的力量延伸至各个领域；社会缺乏结构和功能的分化，呈现出政治化的倾向。在这种体制当中，政府和市场、国家与社会之间的界限是非常模糊的[②]。政治领域、经济领域和社会领域处于领域融合的状态。“政治权力可以侵入社会的各个领域和个人生活的诸多方面，在原则上它不受法律、思想、道德（包括宗教）的限制。”[③]在政治领域的控制下，经济领域和社会领域很难发挥自己的作用。社会的整合主要依靠国家的强力控制，国家控制社会的能力越来越强，掌控的物质资源、组织资源越来越多。社会处于被管控、被支配的状态。

这种国家对社会全面管控的模式暴露出很多问题。首先，权力过于集中，国家独揽一切权力造成党政不分、政企不分，机构臃肿、政出多门、职责不清。国家是经济、社会的唯一管理主体，包揽社会公共事务和各类公共服务，同时国家通过社会动员和行政命令统一人民的思想和行为，实现社会的稳定。其次，过度管控限制了社会发展的空间，使社会依附于国家，缺乏活力和创新的能力。社会资源配置方式单一，整个社会效率低下。这种高度集权的管理体制成为中国现代化建设的最大体制性障碍。“偏好包办一切的政府，将导致其所管理范围之内人力的枯竭、人民创造力的丧失和社会的衰落，最终导致国家的没落”[④]。为了发展经济，提高各方积极性，必须对这种管理体制进行改革。

二、社会管理阶段

1978年12月的党的十一届三中全会实现了党的历史上的伟大转折，党的工作重心从以阶级斗争为纲转变为以经济建设为中心。党的十一届三中全会后，我国社会步入改革开放的新时期，国家和社会的关系发生了变化。人们从单位制和人民公社制的束缚中解放出来，不再是受统一组织管

---

① 孙立平、王汉生、王思斌、林彬、杨善华：《改革以来中国社会结构的变迁》，《中国社会科学》1994年第2期。

② 俞可平：《中国公民社会的兴起与治理的变迁》，社会科学文献出版社，2002，第204页。

③ 邹谠：《二十世纪中国政治》，牛津大学出版社，1994，第223页。

④ 张国清：《社会治理研究》，浙江教育出版社，2013，第617页。

理的“单位人”“公社人”，而是具有高度自主性的“市场人”“社会人”。政治、经济和社会各领域融合开始向领域分离转变，政府与市场、政府与社会之间关系的改革逐渐启动并深入发展。

改革首先在经济领域启动。随着改革的深入，社会主义市场经济体制逐步建立并完善。经济改革的主要措施是权力下放，政府收缩权力范围，改变管理方式，使个人和社会有了更多的自由。改革为经济发展提供了宽松的环境，大大释放了市场的活力，人民创造财富的热情高涨。同时，改革也促进了社会力量的发展。计划经济时代的国家管控模式无法适应市场经济条件下各方的需要，政府无法再对社会进行事无巨细的安排，这必然倒逼国家进行社会管理模式的调整。改革逐渐从经济领域向社会、文化、政治领域推进。1998 年第九届全国人大一次会议通过《关于国务院机构改革方案的说明》将我国政府职能界定为“宏观调控、社会管理、公共服务”。这是首次明确将“社会管理”作为政府的三大基本职能之一，这时的社会管理还是以政府为唯一的主体，非政府组织、公民等还是社会管理的对象。政府在社会管理中占据主导地位，这种管理方式确实发挥了打击违法犯罪、稳定社会秩序、维护社会安全的重要作用，但是也存在一些不容忽视的问题。政府权力过大，缺乏权力行使的明确界限，导致政府干预社会公共生活，甚至会侵犯公民的财产权和人身自由权，造成不良的社会影响。此外，受市场经济的影响，在教育、医疗等领域出现过度市场化现象，引发了大量社会问题。

特别是进入 21 世纪后，社会管理出现了一些新情况、新问题。中国在经济高速发展中对公共物品和公共服务的投入不足，公共物品和公共服务的增长速度落后于经济发展速度，造成公共物品和公共服务的供给数量和质量难以满足公众的需要。同时伴随着工业化、市场化和城市化的发展，人口流动成为大趋势，社会风险增加，公民的权利意识、参与意识增强，对公共物品和公共服务的需求增长，特别是对公共卫生、养老保障、失业保障、住房保障、公共安全、环境保护、基础教育等方面的公共物品和公共服务的需求日益迫切。再加上政府的行政理念落后，在行政实践中，一些政府部门和公务人员习惯于计划经济时代的管制手段，缺乏服务意识，导致政府公共服务职能缺位。

面对社会领域出现的新情况、新问题、新挑战，中央将创新社会管理体制提到重要地位。2002 年党的十六大报告强调“加强社会管理，维护社会稳定，是构建社会主义和谐社会的必然要求”，社会管理和社会管理创新被置于社会主义和谐社会的国家战略高度。党的十六大还将政府基本职能明确定位为四项——经济调节、市场监管、社会管理和公共服务，社会管理和公共服务成为政府职能的重要内容。2006 年党的十六届六中全会通过的《中共中央关于构建社会主义和谐社会若干重大问题的决定》，将社会建设和经济建设、政治建设、文化建设放在同等的地位，将“三位一体”的总体布局拓展为“四位一体”；同时指出，“必须创新社会管理体制，整合社会管理资源，提高社会管理水平，健全党委领导、政府负责、社会协同、公众参与的社会管理格局，在服务中实施管理，在管理中体现服务”①。“社会协同”和“公众参与”是颇有新意的两个提法，从中我们可以看到政府对非政府组织和公众参与社会管理的重视，标志着我国社会管理进入多元化的时代。

2007 年党的十七大报告强调要“更加注重社会建设”，提出“要加快推进以改进民生为重点的社会建设”，将社会管理作为社会建设的六大任务之一进行了具体阐述，并对完善社会管理体制进行了具体的部署。2010 年党的十七届五中全会通过的《中共中央关于制定国民经济和社会发展第十二个五年规划的建议》对“加强和创新社会管理”进行了重点部署，强调在健全党委领导、政府负责、社会协同、公众参与的社会管理格局中，加强社会管理法律、体制、能力建设。社会管理创新上升到国家战略的高度，社会领域的改革不断推进，这表明社会领域已经是一个独立的领域。改革开放之后，市场和社会逐渐形成并壮大，一种国家、市场和社会的新型关系正在形成。中国从计划经济时代国家包办社会，国家是唯一管理主体的管控模式转变为社会管理模式。2012 年党的十八大报告提出要“构建中国特色社会主义社会管理体系”，并单独用一个部分来分析。社会管理的任务更加明确，加强社会管理的需求也更加迫切。新的社会管理格局调整为“党委领导、政府负责、社会协同、公众参与、法治保障”，增加了“法治保障”的内容，社会管理从“四位一体”调整为“五位一体”，目的是使社会管理过程规范化、有序化、常态化、法治化。中国社会管理体系

① 中共中央文献研究室编《深入学习实践科学发展观活动领导干部学习文件选编》，中央文献出版社、党建读物出版社，2008，第 245 页。

的逐步完善为从社会管理迈向社会治理奠定了良好的基础。

三、社会治理阶段

新时代社会发展面临严峻的挑战，社会流动频繁、社会分工复杂化、社会观念冲突，如不加以治理，会导致贫富差距加大、腐败问题突出、就业形势严峻、房价居高不下、区域发展不平衡、阶层固化严重、仇富仇官现象加剧、群体性事件频发。这些矛盾和问题是诱发社会危机的潜在因素。我国经济连续多年强劲增长，但经济的增长与群众切身利益需求的满足之间存在脱节，造成群众“无感增长”，这种状态会影响社会的稳定。如何增强群众的获得感，提高群众的幸福指数是社会管理面临的新难题，新难题呼唤新的社会治理方式。中国特殊的历史和国情决定了我们不可能机械地模仿西方的治理经验。西方国家普遍面临的治理失灵也促使我们必须进一步明确政府、市场和社会各领域的具体界限与职能，实现各领域分工合作、良性互动、优势互补。

2013年党的十八届三中全会通过的《中共中央关于全面深化改革若干重大问题的决定》（以下简称《决定》）首次使用社会治理的概念，“社会治理”这一概念得到官方的正式认可和采纳，并把创新社会治理体制作为推进国家治理体系和治理能力现代化的重要内容，目标是“确保社会既充满活力又和谐有序”。《决定》对社会治理的论述，为全面有序地开展中国社会治理实践提供了思想指导。党的十八届四中全会提出要推进多层次多领域依法治理，提高社会治理法治化水平，支持各类社会主体自我约束、自我管理。党的十八届五中全会指出，要构建全民共建共享的社会治理格局。2017年党的十九大报告提出，新时代社会主要矛盾已转化为“人民日益增长的美好生活需要和不平衡不充分的发展之间的矛盾”，要想有效化解新时代社会主要矛盾，需要建立“共建共治共享的社会治理格局”。2019年党的十九届四中全会提出要“完善党委领导、政府负责、民主协商、社会协同、公众参与、法治保障、科技支撑的社会治理体系，建设人人有责、人人尽责、人人享有的社会治理共同体”，我国社会治理体系从“五位一体”拓展到“七位一体”，实现重大理论创新。“七位一体”的社会治理格局开启了社会治理体系的全面化建设，使社会治理体系的不同内容之间密切联系，整体协调，并且社会治理手段更加多元化，将民主协商和科技手段应用到社会治理中，大大提升社会治理的能力。中国四十多年的治理实践已经造就一个内部具有共识、外部可以辨识的整体性的社会领域。社会治理理论和实践探索取得了巨大的成就，社会治理逐渐从理论、体制走向丰富的创新实践。

中国特色的社会治理模式具有独特优势，它是在党中央统一领导下逐渐完善的。中国社会治理的目的是改善和保障民生，化解各种矛盾，实现社会公平正义。社会治理从过去政府一元化管理向多元主体合作共治转变。党的十八届三中全会以来，中国社会治理变革全面推进并深化，主要表现在：强化党对社会治理的领导；大力改善民生，推进脱贫工作，完善社会保障制度；深化户籍制度改革，推进流动人口市民化；将扫黑除恶斗争进行到底，完善社会综合治理，健全公共安全体系；全面展开社会诚信制度建设，完善社会征信制度；以信息化促进社会治理方式创新；改革城乡社区治理方式，提升社区治理水平；重视环境治理，提高环境治理效率。在地方社会治理实践中，始于2010年的“中国地方政府创新奖”的评选，连续进行了八届，中止于2015年，从获奖的项目中可以看到地方社会治理改革的创新。对“中国地方政府创新奖”入围项目的跟踪与量化研究表明，社区公共服务平台建设、社区社会组织备案制度、有选择地实行社会组织直接登记制、阳光信访、信访大厅制等社会治理类创新成为近年来的新亮点[①]。同样始于2010年的“中国社会创新奖”则侧重于鼓励社会组织创新，从历届积极参与评选的项目可以看到社会组织已经成为社会治理领域的重要力量。社会治理主体的多元化发展促使政府治理模式的变革，而政府治理模式的变革带来社会治理方式的升级。

中国社会治理模式还需进一步完善，虽然社会治理中的政府权力本位向公民权利本位转变，但切实维护公民权利，实现个人和社会的有序发展还有很长的路要走。一段时间以来，公民的维权诉求被政府的维稳诉求取代，一些地方政府把维稳作为社会治理的核心所在，坚持“社会稳定一票否决制”，把精力和资源主要用在对群体性事件的预防和管控上，甚至出现侵犯公民基本权利的行为。全能政府的惯性思维使得合作治理仅仅停留

① 何增科：《中国政府创新的趋势分析——基于五届“中国地方政府创新奖”获奖项目的量化研究》，《北京行政学院学报》2011年第1期。

在理念上，难以落实到实践中。政府习惯于包揽一切，忽视各种社会组织和公众的作用，依然将社会组织作为社会治理的对象，不能有效回应不同主体的现实需求。改革开放四十多年，中国在社会治理方面进行了大量探索，取得了许多宝贵的经验，但这些实践经验没有及时上升到制度层面，仅仅在有限的领域和范围发挥作用。推动社会治理的现代化，需要及时对各地社会治理的经验进行系统的总结，使其上升为制度，通过制度的形式将实践中取得的成果固定化并广泛推广。完备的社会治理制度是实现社会长治久安的基础。正如习近平总书记所说，要"运用制度威力应对风险挑战的冲击"。

第二章　社会治理现代化是重要的时代课题

社会治理现代化是重要的时代课题。当今社会，世界多极化、经济全球化、社会信息化深入发展，和平发展大势不可逆转，但人类所面临的不稳定性、不确定性也急剧增加，这给国家和社会治理带来更艰巨的任务和更严峻的挑战。党的十八大以来，我国对社会治理的认识不断加深，对社会治理的重视程度也不断提升。加快推进社会治理现代化是坚持和完善中国特色社会主义制度、推进国家治理体系和治理能力现代化的重要内容，是治理现代复杂社会与风险社会的客观要求，也是不断满足人民日益增长的美好生活需要的必经之路。

第一节　推进国家治理变革

社会治理是国家治理的重要方面。国家治理是指一国范围内的所有治理，从领域上来划分，它包括经济、政治、文化、社会、生态文明、国防军队和党的建设等。国家治理是蕴含社会治理在内的全方位治理，但社会治理与国家治理在逻辑上并不等同。实际上，国家治理和社会治理处于矛盾关系中，二者在矛盾运动中相互影响、相互制约又相互促进。新中国成立至今，中国的社会治理模式从国家管控型走向社会管理型，再走向真正意义上的社会治理型，这三个阶段的变迁本身就包含着国家治理变革的基本线索，即国家在与社会的互动中，国家权力界限与职能范围相对压缩，而治理社会化的权重则不断加大。因此，社会治理现代化是国家治理变革的内在组成部分。社会治理现代化为实现国家治理现代化奠定了坚实的基础。

一、国家全面管控社会

将社会治理从国家治理当中相对独立出来，其认识论前提就是国家和社会的二分，而这本身是现代社会才有的事。从 1949 年至今，在新中国七十余年的建设历程中，对国家与社会进行结构性划分的逻辑随着经济社会的发展不断浮现出来，成为国家职能与治理变革最深层的动力。有学者就国家与社会关系的研究提出了“四模式”说，即“强国家—强社会”“强国家—弱社会”“弱国家—强社会”“弱国家—弱社会”[①]，以剖析国家与社会在矛盾运动中的力量变化和对比。现实中，不同国家在不同的历史阶段由于面临的现实问题不同往往采用不同的模式。在西方发达国家“弱国家—强社会”的模式占据主导。我国从新中国成立以来，国家与社会的关系历经变迁。从新中国成立初国家与社会合一到改革开放后国家与社会的分离，“强国家—弱社会”的模式长期占据主导地位。近年来，社会力量的不断成长给国家治理提出了新的挑战，“强国家—强社会”的模式开始显现。

从建立新中国到改革开放以前，基于当时的生产力水平、国内外形势和历史传统等方面的因素，我们建立起了“大一统”“全能型”的国家。国家完全主宰和统治社会，而社会基本没有多少自主性。国家通过各项制度对整个社会实行控制。在城市，以单位制为主、以基层地区管理为辅的社会管理体制不仅做到了对职工的严格管理，而且通过街道、居委会来管理社会闲散人员、进行民政救济等，从而实现对城市人员的控制和整合。在农村，人民公社制度通过“三级所有，队为基础”的体制，将基层政权结构与基层经济组织合二为一，使全社或全队的农民的生产、生活与政治活动都高度统一在一起。此外，国家对城乡经济实行统购统销政策，严格控制粮食的生产和交换，以完成工业化所必需的资本积累。国家还针对城乡关系制定了户籍制度，严格控制城市人口规模，限制农村人口流动。

在国家与社会合二为一的国家社会一体化格局之下，国家主要通过政治动员与命令来对社会进行组织和改造。通过一系列“国家运动”[②]的形式，政治权力渗透到一切领域。“国家几乎垄断着全部重要资源。这种资源不仅包括物质财富，也包括人们生存和发展的机会（其中最重要的是就

① 马振清、孙留萍：《“强国家—强社会”模式下国家治理现代化的路径选择》，《辽宁大学学报（哲学社会科学版）》2015 年第 1 期。

② 国家运动包括国家发动的政治运动、生产运动等。关于国家运动的具体分析，可参见冯仕政：《中国国家运动的形成与变异：基于政体的整体性解释》，《开放时代》2011 年第 1 期。

业机会）及信息资源。”[①]国家不仅拥有控制宏观经济和社会决策的权力，而且直接决定企业生产什么生产多少，甚至直接影响普通公民的日常生活，每个人的工作、生活、娱乐、福利等等离不开所属的单位或公社。单位按计划保障市民基本生活用品的供应，单位分配住房、负责职工子女教育、提供医疗和养老保障等。人民公社和生产队负责村民的管理，村民在生产队的安排下统一劳动，统一在公共食堂就餐，年终统一分配粮食。不管城市还是农村，人们办理婚姻登记、工作调动或者外出旅行都需要从街道居委会或人民公社开具证明文件。这一系列制度政策都高度依赖国家强制力量，这种制度的形成在一定程度上是落后国家走向独立自主发展道路的必要条件，但由此形成的社会对国家的惯性依赖一直到今天仍然发挥着某种影响。“社会的政治中心、意识形态中心、经济中心重合为一，国家与社会合为一体以及资源和权力的高度集中，使国家具有很强的动员与组织能力，但结构较为僵硬、凝滞。这种结构形态可称为总体性社会。”[②]“总体性社会”处在国家的严格控制下，社会发育不良、社会功能萎缩，社会领域缺乏自主性。由于社会结构各领域分化不足，国家通过强制性的行政命令进行集中统一的管理，抑制了社会的发展，造成社会的自我管理、自我服务能力不足。

二、国家逐步向社会放权

改革开放以后，商品经济与市场经济快速发展起来。市场经济是社会发展的原动力，也是社会关系变化和社会结构分化的关键性因素。市场力量及其基础上的社会力量不断发展壮大，不仅从国家权力与国家统治中争得空间，也推动了国家管理社会的各种体制机制的变革。国家与社会的关系逐渐向国家缩小权力领域和社会不断扩大自主领域的方向发展，市场化的改革带来的社会分化的速度加快，程度加深，大大增加了社会整合的难度，而国家也必须改变过去那种独揽一切权力的管控模式和资源配置方式，才能适应并反过来促进经济社会的快速发展。

市场经济是由市场起支配作用的经济，亦即市场获得支配性权力的经

---

① 孙立平、王汉生、王思斌、林彬、杨善华：《改革以来中国社会结构的变迁》，《中国社会科学》1994年第2期。

② 同上。

济。改革开放以来，我国的经济体制改革从“有计划的商品经济”到“社会主义市场经济”，从“市场调节为主”到市场对资源配置起“基础作用”再到起“决定性作用”，其核心问题便是处理政府与市场的关系，特别是政府职能与政府作用在市场中的角色和定位。从党的十一届三中全会拉开改革开放的大幕到党的十八大提出全面深化改革的任务，一个贯穿的逻辑就是要健全和完善国家（政府）职能从而更好地促进经济社会的发展。而在实践层面，“简政放权”就是政府行政体制改革的“当头炮”。“简政放权”顾名思义，就是精简政府对市场和社会的权力之缚，放活企业的活力和全社会的创造力。因此，中国的经济体制改革一开始就蕴含了政治体制改革尤其是政府行政体制改革的内容，这是中国走向现代化进程中政治与经济关系不同于西方模式及其话语的新实践。

市场经济的推进给社会关系带来深刻变化，也从根本上改变了中国的社会结构。一方面，在市场日渐活跃、商品日益丰富、人口加速流动的形势下，过去的单位制和人民公社制都失去了生存的土壤，原来的社会联结和社会整合机制失去了效用，同时社会结构、社会组织方式和社会安全形势都发生了深刻变化，这就对国家转变职能和角色提出了现实挑战。另一方面，市场经济推动了社会组织与多元利益主体的发展，加速了市场及其基础上的市民社会作为相对独立的范畴和领域从国家 / 政府中分离出来，这为政府与社会的合作提供了可能。“政府、市场与社会的关系调整源于社会结构的变化”[①]，政府、市场与社会正是因为相对分离而必须进一步明确各自的职能，并按照自身规律运行和发挥作用，这样才能形成推动经济社会高质量发展的合力。因此，如何正确处理好政府、市场、社会三者的关系，成为推进国家（政府）职能变革，实现社会治理现代化的核心问题。

正是在深入认识和总结这一规律的基础上，2013 年党的十八届三中全会通过的《决定》在国家治理现代化问题上做出了重要突破，提出了全面深化改革的总目标是完善和发展中国特色社会主义制度，推进国家治理体系和治理能力现代化，不断推动生产关系同生产力、上层建筑同经济基础相适应，推动经济社会持续健康发展。《决定》还明确提出，在经济体制

---

① 郁建兴、关爽：《从社会管控到社会治理——当代中国国家与社会关系的新进展》，《探索与争鸣》2014 年第 12 期。

改革中，核心问题是处理好政府和市场的关系，使市场在资源配置中起决定性作用和更好地发挥政府作用。因此，国家和政府职能的转变归根到底是由社会经济发展所决定的。在国家与社会、政府与市场所构成的矛盾运动中，社会与市场这一方越来越发挥主导作用。按照这个逻辑，不仅政府对待市场的方式要发生变革，政府与社会的关系也必然发生变革。因此，《决定》又明确提出了创新社会治理体制，用“系统治理”的概念初步表达了鼓励社会各方面参与治理，实现政府治理和社会自我调节、居民自治良性互动的思路。2019 年党的十九届四中全会将坚持和完善共建共治共享的社会治理制度作为一项制度确立下来，共建共治共享的“共”首先表达的就是国家与社会的合作治理问题，而后才是社会内部的多元力量合作问题。国家与社会关系由“政治本位”向“社会本位”过渡和转变，这正是对国家与社会关系的现代性重构。因此，坚持和完善共建共治共享的社会治理制度，标志着党对现代社会发展规律的认识、对如何带领人民治国理政的认识达到了新的水平。

三、社会治理成为国家治理变革的突破口

正是在国家与社会的关系变革中，社会治理现代化被提上国家治理变革的日程并受到越来越多的关注。社会治理是国家治理在社会领域的实现，社会治理重点解决国家治理中的社会问题，协调社会利益、解决社会矛盾、培养社会认同、维护社会秩序、完善社会制度，目的是保障民生，建立公平正义、安定有序、充满活力的社会秩序。社会治理现代化直接关系人民的安居乐业和社会的安定有序，是国家治理能力和治理效能提升的“窗口”。鉴于国家治理体系和治理能力的现代化是一个长期性和系统性的工程，因此需要有步骤、有计划地确定阶段性任务，而社会治理就是当前推进国家治理变革的突破口。

首先，社会治理现代化既明确了党委和政府的权威地位，又充分认可了社会主体参与社会治理的重要性。在社会治理现代化的进程中，将充分发挥党的领导核心作用，党在社会治理中要掌握主动权和话语权，党要引领社会治理方向、统筹协调复杂利益关系、整合多样的社会资源、联系各方面群众。而在社会治理过程中，通过及时回应人民群众诉求，丰富人民

的利益表达渠道，党和人民群众的联系更加密切，这将为国家治理变革奠定坚实的群众基础。

其次，社会治理现代化将明确政府的职能定位，逐步弱化政府对社会的干预。中国处在全能主义政府向服务型政府的转型过程中，要想真正定位好政府的职责范围，处理好政府与市场、政府与社会的关系并非易事。政府如凌驾在社会之上，包揽一切社会事务，对社会的全面、严格的管控，从方便自身管理的角度采取行政手段，就难以与社会、市场分享管理权，难以调动社会、市场参与公共事务管理的积极性，难以满足公民多样性的公共需求。社会治理现代化将改变由政府单一主体进行社会管理，政府管理过分局限于经济领域的局面，政府的公共服务职能将得到彰显。政府将不再直接干预社会，而是为社会治理提供良好的制度和环境。政府通过对公共社会生活进行规范和协调，在确保社会安全和国家安全中发挥关键作用，特别是在人民群众广泛关注的食品安全、生产安全、信息安全等方面。政府职能的明确定位是实现国家治理变革的关键，有助于提升国家治理的有效性。

最后，社会治理现代化将使社会组织掌握必要的社会资源，真正拥有进行社会管理和公共服务的能力，保障社会组织参与社会治理的自觉性、合法性和有效性。社会组织是伴随着市场经济的发展而产生的，社会组织使不同的利益得到汇集。在社会组织内部，不同社会成员的利益得到表达，成员之间的矛盾得到协调。“社会治理的一项重要任务在于培育各种社会力量，而不是挤压或排斥各种社会力量，社会力量的强大可以抵消国家行政力量的不足”①。当前社会组织面临发育不健全，缺少足够的资源和权威性，无法提供个性化、多样化和系统化的服务等问题。政府通过积极培育和扶持社会组织，为社会组织的发展提供良好的制度环境，促进社会组织向自主、自立和自治的方向发展。社会组织可以管理和服务内部成员，推动社会有序发展。社会组织可以成为公共服务的提供者，政府通过向社会组织购买公共服务的形式，使社会组织获得更多机会。同时发挥社会组织在相关公共决策和决策执行中的参与权和监督权，社会组织的理性参与将避免因情绪化而导致的秩序失控。社会组织是使“政府的强制最小化，保障政治自由、改善人的生活”的重要力量，

---

① 张国清：《社会治理研究》，浙江教育出版社，2013，第150页。

社会组织的发展有助于推进民主化的进程，而民主化是国家治理变革的重要特征。现代化的社会治理格局有助于社会力量进入国家治理体系，并推动社会力量以制度化、规范化的形式积极参与国家治理活动，提升其国家治理的合法性。

第二节 应对风险社会挑战

2020 年全球新冠肺炎疫情让人们真切感受到风险社会是人类不可回避的现实。面对日益复杂的社会风险，唯有做好充足的准备，构建完善的社会风险治理体系，提升风险治理能力。中国在走向工业化、城镇化、现代化的道路上取得巨大进步，同时也面临着巨大挑战，各种复杂因素的叠加可能带来巨大的社会危机。2020 年 3 月，清华大学苏世民学院院长薛澜在接受《财经》杂志的记者采访时表示，对中国来说，新冠肺炎疫情是一堂风险社会的启蒙课。薛澜认为，虽然人们对金融风险的概念已经比较熟悉，但是对现代社会中风险的内生性、泛在性和系统性还缺乏全面的认识。以德国社会学家贝克为代表的一大批思想家对风险社会理论进行了深入的研究，对我们认识和应对风险社会的挑战具有重要的参考价值。

一、风险社会来临

早在 20 世纪 80 年代，德国社会学家贝克就在《风险社会：新的现代性之路》一书中对现代社会的风险进行了系统深入的分析。贝克宣称“风险无处不在”，风险来源于工业社会本身，是现代化发展的结果，是由技术进步带来的“副作用”。在贝克看来，工业社会的风险不同于传统社会，它使地球上所有的生命形态都处于危险之中，比如核风险，常规的风险计算失效了，在这种不可计算的风险中“未知的、意图之外的后果成了历史和社会的主宰力量”[①]。贝克认为，“风险是历史的产物，是人类活动及其疏忽的反映，是生产力高度发达的表现。因此，社会生活条件的自我创造，在风险社会中成了问题和主旋律（首先是负面的，如回避危险的要求）。但凡风险使人忧虑的地方，危险的根源都不在外部，不在异乡，不在非人

① 乌尔里希 • 贝克：《风险社会：新的现代性之路》，张文杰、何博闻译，译林出版社，2018，第 8 页。

之物；相反，危险来自人在历史中获得的能力，人对地球上一切生命的再生产条件的改变、塑造或毁灭。换言之，危险的源头不是无知而是知识，不是缺少控制而是完美地支配自然，不是由于脱离了人的理解，而是因为工业时代建立了决策和客观限制的体系”①。贝克深刻洞悉到现代化进程变得具有“自反性”，现代化中技术—经济发展在政治和科学层面产生的风险日益被重视。风险是科技与人为因素衍生出来的，具有后果延迟性与不可感知性。

贝克强调风险是个“无底洞”，不受限制，无穷无尽。“风险的增长实际上会穿透所有的伪装，并对所有人构成某种全局性威胁”②。在现代社会中，忽视风险会让人们在风险来临时更加手足无措，而否认风险并不会使风险消除。“以稳定为目标的政策很快就会大范围破坏稳定。有意隐瞒的风险会突然造成非常严峻的社会风险处境，以至于我们无法想象，政治（也包括科学和技术）是如何应对工业社会的漫不经心的”③。贝克指出，“随着中国与世界联系的进一步加强，国内外各种思想文化相互激荡，与西方市场经济上百年发展、完善的过程相比，中国的社会转型是‘压缩饼干’，以历史浓缩的形式，将社会转型中的各种问题呈现出来，带来了前所未有的文明冲突和文化碰撞，历史与现实、传统与现代、本土文化与西方文明多重因素交织在一起”④。中国在社会转型中必将面临风险社会的考验，而能否在风险社会中提交一份满意的答卷，取决于中国社会治理能力和水平的高低。“风险无处不在，‘无时不在’泛化在社会生活的每一个角落。正在改变现代社会运行的逻辑与规则，人类社会的生产方式、行为方式、组织形态、价值理念正在被系统化地重构，社会成为一个以风险为主题和特征的全球风险社会形态。”⑤所以，实现社会治理现代化是当务之急。

现代社会的各种风险往往源于社会结构本身的不健全，贝克认为，“风险可被定义为以系统的方式应对由现代化自身引发的危险和不安”⑥，风

① 乌尔里希·贝克：《风险社会：新的现代性之路》，张文杰、何博闻译，译林出版社，2018，第230页。

② 同上书，第58页。

③ 同上书，第292页。

④ 薛晓源、刘国良：《全球风险世界：现在与未来——德国著名社会学家、风险社会理论创始人乌尔里希·贝克教授访谈录》，《马克思主义与现实》2005年第1期。

⑤ 范如国：《“全球风险社会”治理：复杂性范式与中国参与》，《中国社会科学》2017年第2期。

⑥ 乌尔里希·贝克：《风险社会：新的现代性之路》，张文杰、何博闻译，译林出版社，2018，第7页。

险源于工业社会发展中的威胁力量，源于全球化的后果。现代社会的许多风险超出了人们的直接感知能力，这些风险是看不见摸不到的。风险一旦出现，将会产生巨大的危害，人类的任何努力都无力弥补。贝克意识到，虽然“危险不断增长，但在政治领域，危险并没有被转变成预防性的风险管控政策”①。风险社会下的社会治理体系不再是一个边界清晰的封闭的体系，而是边界模糊的动态系统。社会风险治理逐渐成为一种社会常态。贝克并不是一个悲观主义者，他看到了风险中潜藏着机遇，主张人类必须改变工业社会的思维以应对风险社会的挑战。

当今世界面临百年未有之大变局，科技革命风起云涌，产业发展升级换代，为中国发展带来新的机遇，但与此同时，贸易保护主义、单边主义盛行，贫富分化更加严重，恐怖主义活动猖獗，重大传染性疾病威胁等加剧了社会风险，使社会发展面临诸多不确定因素。中国社会治理面临着比以往更大的风险，风险的应对和控制变得愈发艰难。面对利益主体多元化、利益需求多样化、利益矛盾复杂化的现实，唯有积极推进社会治理现代化，坚持和完善共建共治共享的社会治理制度，协调各方利益，主动地构建风险社会治理的体制机制，整合各类社会资源，对风险进行整体化、系统化、科学化的防范、才能有效应对风险社会的挑战。

二、风险社会的一般性挑战

风险社会面临全球化、网络化和信息化的挑战。实现社会治理现代化才能有效应对风险社会的一般性挑战。首先，全球化的挑战。全球化是不可逆转的趋势，是世界文明交往的新形势。全球化意味着人类社会的生存方式发生了根本改变。在全球化的社会，没有一个国家和地区可以脱离全球化进程的影响，各个国家将超越国家和民族的界限，在社会、经济、政治、文化等一切领域展开交往。中国已经全面融入了全球化的进程，中国的国际化程度日益加深，在国际政治舞台上扮演着更加重要的角色。全球化是一把双刃剑，它在推动中国经济发展的同时，也对中国提出了新的挑战。原本属于一个国家内部事务的问题，在全球化的影响下，有可能会超越国界的范围，成为关系全人类公共利益的全球化问题，比如，环境污染

① 乌尔里希·贝克：《风险社会：新的现代性之路》，张文杰、何博闻译，译林出版社，2018，第46页。

加剧、恐怖主义猖獗、网络安全隐患重重、国际难民数量大增、国际人权状况堪忧等，这些问题的解决单纯依靠某个国家的力量或者依靠政治或行政决策很难实现，需要各个国家和国际组织之间的合作，需要更多主体以更多元的方式参与进来，并形成治理合力。同时，伴随着中国国力的增强，国外敌对势力遏制中国发展的野心也愈发凸显，中国与欧美经济强国之间存在错综复杂的利益关系。2018 年和 2019 年的中美贸易摩擦提升了实现社会治理现代化的紧迫性。全球经济低迷，世界经济结构深度调整，贸易保护主义抬头，各国在各领域的竞争加剧。要想在激烈的国际竞争中取得优势，必须首先完善国家内部的社会治理，保持稳定的社会秩序。

其次，网络化的挑战。网络化具有放大效应，这直接考验着社会治理水平。《中华人民共和国 2020 年国民经济和社会发展统计公报》显示，截止到 2020 年末，“互联网上网人数 9.89 亿人，其中手机上网人数 9.86 亿人，互联网普及率为 70.4%，其中农村地区互联网普及率为 55.9%”①。网络技术是把“双刃剑”，网络的普及一方面给人们的生产生活带来了便利，另一方面对社会治理提出了更大的挑战。传统社会的控制与管理技术在现代网络社会面临功能性障碍。政府依靠垄断信息控制权来管理社会已经越来越困难。互联网具有的开放性、直接性、平等性、互动性、虚拟性的特征，大大提升了全民参与的积极性。人们借助于网络可以便捷地获取各种信息，网络逐渐成为人民自由表达观点和抒发情感的重要平台。民众不再是信息的被动接受者，他们可以借助网络主动表达观点。网络论坛、微博、微信朋友圈、抖音等新媒体的快速发展更是拓展了全民参与的空间。特别是在一些重大的热点事件中，数以亿计的网民在网上发布各种信息和言论，每个人都可以平等地参与进来，每个人都是一个自媒体，都有发布信息的权利。网络还是人民维权的重要途径，通过引发舆论关注，形成舆论压力，推动问题的解决。网络化给政府造成巨大的压力。网络社会中一些很小的问题可能会快速发展甚至演变成重大的公共危机。当网络社会的这种力量叠加或投射到现实，社会大众（同时也是网民大众）对社会治理的影响力就变得更加不可小觑。

最后，信息化的挑战。网络技术推动社会向着信息化的方向发展，信

① 摘自国家统计局《中华人民共和国 2020 年国民经济和社会发展统计公报》。

息化已经成为人们生活的常态，但是对信息社会的管理还很滞后。信息社会的不可控性使得对风险的预防和把握难以做到完全有效，各种社会矛盾的激化会导致社会动荡。金融危机如影随形、电信诈骗时有发生、数字货币暗流涌动，每一次的爆发都冲击着数以百计、千计甚至万计的人们的生活。各种相互矛盾和冲突的思想观念在网络上广泛传播，影响着人们的社会行为规范，也在一定程度上模糊了一些人的是非观念。信息社会具有匿名化的特点，“在匿名社会中，可见性与可及性的同时丧失则使人类的社会治理陷入了前所未有的困境，就像‘古格斯之戒’所隐喻的那样，如果每一个人都成为了隐身的匿名者，那么每一个人都将有很大的可能成为乐此不疲的行凶者，结果，任何的责任与正义都不复存在”[①]。一些网民无所顾忌地参与网络信息传播，散布谣言，随心所欲地发表评论，肆意进行网络暴力。这种现象考验着政府的公信力和公民的心理承受能力。信息多元化的时代人们的思想也更加开放，各种思潮相互碰撞，各种价值观激烈交锋，加剧了社会共识凝聚的难度。如何引导社会舆论，如何重塑共同的价值，如何形成社会共识，这些问题仅靠政治说教恐怕难以解决。唯有不断适应信息社会的新情况，并在社会治理方式上进行积极调整和变革，才能为应对风险社会的挑战做好充分的准备，而不至于在面对风险时惊慌失措而陷入无法挽回的危机。

加快推进社会治理现代化就需要从坚决打好防范化解重大风险攻坚战的战略层面来理解。面对社会风险的全球蔓延，面对网络化、信息化的挑战，只有积极主动地去适应现实的需要，推动社会治理理念、方式和手段相应调整和变革，才能在高度复杂性和不确定性的社会中获得主动性，推动全社会形成应对社会风险的强大合力，提高防范化解各类风险的能力、效率和水平。“在高度复杂性和不确定性的条件下，既无法实现对复杂性和不确定性的有效控制，也不应当通过进一步营造复杂性和不确定性空间去激发组织各种要素间的竞争，而是需要通过增强组织的开放性和流动性去适应复杂性和不确定性。”[②]

---

① 张乾友：《社会治理的话语重构》，中国社会科学出版社，2017，第 286 页。

② 张康之：《合作的社会及其治理》，上海人民出版社，2014，第 27 页。

三、社会转型期中国面临的风险挑战

改革开放以来，我国经济领域从计划经济向市场经济转轨、政治领域从集权管制政体向分权开放政体转型、社会领域从农业社会向工业社会转变。经济发展方式、政府治理模式和社会发展阶段的转变，必然带来多元利益主体的觉醒与崛起。随着社会转型进程的深入，改革进入攻坚期。转型社会与风险社会交互影响，大大增强了社会问题的复杂性。当前经济增长乏力、房价居高不下、股市激烈震荡以及政府债务危机等经济领域的风险会扩散至全社会，城乡居民收入差距大、基尼系数长期高于 0.4 的国际公认的警戒线将成为诱发社会矛盾的导火线，人口老龄化加快、劳动力供求关系紧张、用工成本提高、基本公共服务不均衡、社会保障收支失衡等问题威胁社会稳定，新兴技术的广泛应用的背后潜伏着严峻的网络安全问题。“现代化进程和社会转型中累积的系统性风险频繁地以社会冲突的形式表现出来，中国社会进入风险频发阶段”①。从我国的社会发展状况来看，我国仍处于并将长期处于工业化、城市化和现代化的“赶超”阶段，但又同时面临着西方国家后工业化阶段才出现的问题，这使社会复杂性和不确定性变得更加强烈。经济社会快速发展是这个阶段的基本特征，但各方面的不平衡不充分问题也非常突出。传统的社会管控模式面临功能性障碍，表现为一种控制失灵状态。如果这种控制失灵的状态长期持续下去，会带来全面的社会危机，进而可能诱发社会动荡。国内社会风险主要表现在以下四个方面。

一是社会利益分化，人民内部矛盾增多。对此习近平总书记指出，“发展起来后出现的问题并不比发展起来前少，甚至更多更复杂了。新形势下，如果利益关系协调不好、各种矛盾处理不好，就会导致问题激化，严重的就会影响发展进程”②。社会转型导致社会巨大变化——市场经济的建立，社会流动的扩大，社会分化程度加深。市场经济使得社会财富分配呈现多元化格局，新的社会组织和社会角色不断出现，形成新的社会阶层，社会阶层多样化必然带来社会利益分化，不同阶层之间矛盾增加。社

① 范如国：《“全球风险社会”治理：复杂性范式与中国参与》，《中国社会科学》2017 年第 2 期。

② 中共中央文献研究室编《十八大以来重要文献选编（中）》，中央文献出版社，2016，第 833-834 页。

会流动性大大提升，大量的农村人口到城市工作和生活，2020 年底我国常住人口城镇化率超过 60%，但流动人口市民化进程缓慢，流动人口无法享有均等的公共服务，难以享受市民待遇，容易诱发各种矛盾。此外，非公有制经济发展不断壮大，私营企业数量快速增长。2018 年末全国共有私营企业 1 561.4 万个，比 2013 年末增加 1 001.0 万个，增长了 178.6%，占全部企业的比重由 68.3% 提高到 84.1%[①]。私营企业的快速增长丰富了社会阶层的构成，加剧了社会利益的分化，扩大了收入分配的差距。多元利益主体的利益诉求内容存在异质性，利益诉求行动存在动态性，利益诉求方式存在多样性，复杂的利益诉求导致社会矛盾重重，加剧社会不满情绪，诱发社会失范问题。

二是社会需求超前于社会发展，公共服务供给不足。人们对教育、就业、住房、医疗、交通、环境等方面的公共服务的需求领先于现实供应状况和改进速度，政府公共服务与社会建设都面临巨大压力。我国经济发展取得了举世瞩目的成就，但是长期以来重经济轻社会的发展思路，使社会发展成为短板。市场经济的建立和完善促使公民权利意识的苏醒。人们对公共服务的需求迅猛增长，有限的公共服务供给无法满足人们多元化的需求。由政府主导的公共服务供给的模式与人们真实的需求脱节，公共服务供需不匹配，造成社会资源的浪费。近年来，中国经济进入新常态，经济发展速度放缓。通过社会治理的现代化，精准满足人们的多元化公共服务需求，提升公共服务的供给质量，改善民生水平，将有利于中国跨越“中等收入陷阱”，推动经济高质量发展。

三是群体性事件频发。在过去二十几年里，全国各地的群体性事件不断增长，一些极端事件刺激着人们的神经。我国经济快速发展取得重大成就，但是相关的制度不完善，收入分配制度、民主参与制度、权益保障制度等完全无法满足现实需要。在社会剧烈变迁的时代，各种矛盾因素容易被激发，社会个体对潜在的危机也非常敏感。面对现实的生存压力和未来的不确定性，个体陷入不安、焦虑和压抑之中。特别是社会弱势群体在社会竞争中处于不利地位，逐渐被“边缘化”，利益表达渠道受限。弱势群体在面临共同的利益矛盾时，由于无法通过正规的渠道维权，很有可能组织起来，采用非法集会静坐、堵塞交通、围堵政府大楼、集体上访等非法

① 曾玉平：《我国法人单位数量进入快速增长期》，人民网 财经频道，2020 年 1 月 21 日。

手段表达诉求。如果涉及征地拆迁、环境污染、社会保障、劳资纠纷、安全事故、民族冲突等领域，容易诱发群体性事件。群体性事件是社会风险的极端表现，反映了社会深层次的结构性矛盾。为了维护社会稳定，协调各种利益矛盾，政府在公共安全方面的财政支出大增，但是在一些地方，社会矛盾和冲突并没有随之减少，反而表现出更加复杂和严重的状态。各种群体性事件彰显了社会治理能力的不足，过去有效的手段已经无法应对新环境下产生的新问题。要使社会矛盾得到缓和，群体性事件减少，必须进行社会治理模式的创新，其中最重要的是改变政府管理模式，使政府成为"有能力的有限政府"，成为法治政府，成为服务型政府。

四是社会风险联动效应加剧。十九大报告指出：经过长期努力，中国特色社会主义进入了新时代。新时代社会主要矛盾发生了转化，转化为人民日益增长的美好生活需要和不平衡不充分的发展之间的矛盾。一方面是人民日益增长的美好生活需要的内容和层次不断拓展，一方面是领域、地域和群体的不平衡不充分发展问题突出。社会主要矛盾的变化给社会治理提出了新要求。社会主要矛盾的两个方面都蕴藏着复杂的社会风险因素，现代社会风险具有强大的联动效应。经济、政治、文化、社会、生态、党的建设等各个领域发生的风险都有可能扩散到或波及其他领域，不同的国家、国家的不同地区、地区的不同地方、地方的不同群体中发生的问题都有可能引发系统性、全局性风险。"蝴蝶的翅膀"更具煽动性[①]。各种不同领域的风险之间存在着内在的联系。风险不会仅仅存在于某一个领域，而是存在于所有领域并直接影响人们生活的方方面面。正如贝克所言，"对生命的自然条件的侵犯，转变为全球性的医疗、社会和经济威胁，这为高度工业化的世界社会的社会政治制度带来了全新的挑战"[②]。2020 年全球新冠肺炎疫情无情地验证了贝克的观点。公共卫生事件正在经济、社会、政治等领域带来越来越多的危害。现代社会的风险具有内生性，人类社会的每一个进步都同时给我们带来了新的风险。"风险不再局限于特定的地域或团体，而是呈现出全球化的趋势。它

① 颜晓峰：《在百年未有之大变局中打好战略主动仗》，《红旗文稿》2019 年第 4 期。

② 乌尔里希·贝克：《风险社会：新的现代性之路》，张文杰、何博闻译，译林出版社，2018，第 92 页。

不仅跨越民族国家的边界，也模糊了生产和再生产的界限。”[①] 现代社会风险的高度复杂性和不确定性，超越了人类的掌控能力。“现代化进程释放了越来越多的破坏力，就连人类的想象力也要为之惊愕不已。”[②] 人类命运共同体去向何方，既取决于全球协力合作，又取决于每一个国家的社会治理能力。

第三节　满足人民权利需要

社会治理现代化的目标是维护人民利益，实现人民权利。社会治理现代化致力于建立“人人有责、人人尽责、人人享有的社会治理共同体”，增强人民的“获得感、幸福感、安全感”。在社会治理现代化的进程中，人民的权利将得到更全面、更深入、更持续的满足。

一、人民权利意识觉醒

党的十九大报告中指出：“中国特色社会主义进入新时代，我国社会主要矛盾已经转化为人民日益增长的美好生活需要和不平衡不充分的发展之间的矛盾。……人民美好生活需要日益广泛，不仅对物质文化生活提出了更高要求，而且在民主、法治、公平、正义、安全、环境等方面的要求日益增长。”[③] 在这些需要中，民主、法治需要最为关键。因为民主和法治是现代政治或者说政治现代化的核心价值，是现代政治文明及其制度架构的根本准则；而整个社会民主、法治意识及其需要的增长则是人的文明化、现代化的重要标志。“民主和法治之间是紧密联系而不可分的。在历史上，它们是一起生长出来的，在现实中也只能一起生产出来。反过来说，如果两者不能共生，则一定是既没有民主，也没有法治。”[④] 社会主义政治文明的本质特征就是民主和法治。邓小平曾多次强调，“没有民主就没有社会主义，就没有社会主义的现代化”[⑤]。民主是法治的基础和前提，

① 乌尔里希·贝克：《风险社会：新的现代性之路》，张文杰、何博闻译，译林出版社，2018，前言。

② 同上书，第 5 页。

③ 习近平：《决胜全面建成小康社会 夺取新时代中国特色社会主义伟大胜利——在中国共产党第十九次全国代表大会上的报告》，人民出版社，2017，第 11 页。

④ 李景鹏：《如何实现法治的民主？》，人民网，2014 年 1 月 17 日。

⑤ 邓小平：《邓小平文选》第 2 卷，人民出版社，1983，第 168 页。

政治民主本身就是法治国家的构成部分和重要表征[①]。法治是民主的体现和保障。法治的作用就是对公共权力进行约束，保护公民权利。

对于个体而言，民主法治原则直观体现为一个原则，那就是权利原则。民主法治制度的健全为公民认知和主张权利提供了政治基础和政治条件。公民权利认知是公民权利意识的起点，公民首先需要知道自己享有的权利是什么以及是否真实享有这些权利，还需要了解他人的权利以及自己权利的界限。公民对权利的主张是公民将法定权利转化成现实的权利以及权利受到侵害时采取措施维护自己的权利。中国社会正迎来一个“权利的时代”，权利意识的觉醒成为我国现代化进程中人的现代化的重要标志。权利意识构成现代公民意识和宪法精神的核心。我国公民基本权利有四大板块：参与政治方面的权利与自由；人身自由和信仰自由；社会、经济、教育和文化方面的权利;特定人的权利[②]。公民权利的具体内容在宪法和法律中有集中详细的规定。随着时代的发展，我国公民基本权利的内容也不断丰富，从生存权、发展权到幸福权，不断提升。权利是人民拥有的分享社会发展成果的法定资格。保障公民权利是实现社会公平正义的基础。切实保障宪法和法律规定的公民的权利，推进社会公平正义，是现代文明社会的目标。在改革开放以前，中国实行高度集中的权力体制与计划经济体制，国家对社会进行严密管理和全面控制，国家权力渗透到社会生活的各个领域。人民当家作主的制度虽然唤醒了集体权利意识，但个人却淹没在集体之中，个人权利行为和个人权利意识基本无从谈起，这反过来压制了整个社会的活力和创造力。

改革开放以后，我国社会利益主体逐渐多元化。随着民主制度和法律体系的健全完善、公共领域的不断壮大，我国公民的权利意识不可抑制地形成和发展起来。“改革开放所释放出来的社会公共空间为公民权利观念的成长提供了空间。”[③]市场经济是权利意识生长的天然土壤，经济利益的直接相关性和层次多样性，催生了更加普遍和强烈的权利意识。个体成为追求自身特殊利益的经济主体，个体权利意识复苏并增强。市场经济确立

---

① 卓泽渊：《法政治学研究》，法律出版社，2011，第457页。

② 周叶中：《宪法》，高等教育出版社，2011，第254-274页。

③ 李欣：《中国公民权利成长的多重逻辑——以网络问政为例》，《湖北社会科学》，2015年第5期。

的等价交换的原则必然要求经济主体之间处于平等的地位，双方在互利互惠的基础上确立契约关系，这种经济上的平等地位和自主权利必然升华为政治上的平等和自由。权利意识的觉醒促使人民不断通过政治系统表达其利益诉求，以保障其利益的实现。随着社会主义市场经济体制的建立和完善，公民的权利取得了前所未有的地位，并呈现出多样化、多层化和发展化的趋势。南开大学人权研究中心的常健教授强调，随着市场经济的发展，“市场经济体制一方面要以保障个人相关的自由权利为前提，否则就无法开始运行；另一方面，市场经济体制运行所导致的贫富分化，也需要通过保障个人的经济、社会和文化权利以及弱势群体的基本权利来加以弥补，否则就无法持续。在这个意义上，个人自由权利和经济、社会、文化权利以及弱势群体权利的保障，是市场经济运行中相辅相成、不可分割的两个方面”①。

市场经济和民主政治的发展为公共领域的产生提供了条件。个体权利意识为社会发展提供了强大的动力，社会越来越有活力，形成了开放的社会空间。社会组织纷纷涌现，截止到 2021 年 2 月，全国各级民政部门共登记社会组织超过 90 万个，另外还有数量庞大的草根组织活跃在社会各个领域。国家权力下放为公共领域的产生提供了宽松的法律和政策环境。公共领域日益成为社会公众自由言论、独立行动、影响权力运行的实践平台。在哈贝马斯看来，公共领域是介于国家与社会之间的公共空间，“包括各种独立的非政府、非营利的社团组织，各种讨论和维护公共利益的聚会、辩论、游行示威等社会运动，以及包括书籍、报刊、广播、电视、互联网等在内的公共传媒系统”②。公共领域是国家与社会进行沟通的平台，一方面，公民的利益诉求不断汇集形成公共舆论传递给国家各级机关，并对国家机关的决策产生影响，另一方面，国家的公共政策通过公共领域的各种组织传递给公民，有助于增强公民的政治认同，化解社会冲突。公共领域激发了公民的政治参与热情，公民可以在公共空间表达自己的意见，并对国家权力进行监督。通过在公共领域的交谈、协商与合作，公民的民主意识、权利意识、理性精神得到强化，同时培养了公民的表达能力、参

---

① 常健：《中国政治行政体制改革四十年与公民权利保障》，《南开学报（哲学社会科学版）》，2018 年第 5 期。

② 杨仁忠：《公共领域理论与和谐社会构建》，社会科学文献出版社，2013，第 87 页。

与能力、组织能力。虚拟空间、流动空间为人们自由表达提供了多样化的平台。网络社会培育了民众的平等意识和参与意识。随着信息技术的发展，网络公共领域兴起并壮大。在网络公共空间，多元化的观点相互碰撞，人民不断提升自己的认识水平，丰富自己的知识，拓展交流的层次，提升对权利的认知水平，对权利的内容、实现方式和自身承担的义务等有了全面的了解。

二、人民权利需要的满足存在薄弱环节

无疑，这个“权利的时代”同时蕴藏着建设性与破坏性两股力量。一方面，社会越是不断发展和进步，公民享有权利的范围就越广泛、内容就越丰富，公民的权利意识也越明确、越鲜活。在权利意识的引领下，公民参与的范围不断扩大，从最开始的经济领域逐渐向政治、社会、文化、生态等领域延伸，并“倒逼”制度创新与政府改革。但另一方面，权利本身及其行使也有“失范”的可能。市场经济的迅猛发展促进了人们对于自身合理、合法权益的追求与维护，但一些不合理的、非法的利益也名之以权利，形成一种极端自私化的权利意识。当个人或群体站在绝对私权的角度上，损害他人权利，对抗政府权威，甚至冲击社会正当秩序时，这种维权行为就是非法的，如“钉子户”违规搭建、出租车司机对抗网络车与共享单车而联合罢运等。既有一些不合理的、非法的利益名之以权利，也有一些合法的权利采取了非法的形式来表达，如违法上访、聚众闹事，由此酿成非法维权的个体性与群体性事件。合法的权利采取非法的形式来表达，反映出人民依法维权意识不强以及制度化的维权渠道不畅。

因此，如何引导人民群众的民主参与需要和权利热情，发挥其建设性作用的同时抑制其破坏性因子，就成为政治文明与社会文明发展必须面对的一个突出问题。而加快社会治理现代化，要按照共建共治共享的基本原则，将广大群众纳入社会治理过程中。这既有利于满足他们的权利需要，也有利于促使广大群众树立法定权利与有限权利意识，促进私人理性向公共理性的转变。须知，在中国由传统社会向现代社会的转型过程中，国人从个体之“我”到公民之“我”的转换实际上并没有普遍地完成，这才导致出现权利“为我化”“唯我化”的现象。而这种狭隘的权利意识能够在多

元共治的社会治理过程中暴露出来，使人们通过直接参与进一步理解个人权利与政府权力、个人权利与他人权利、个人权利与公共利益的矛盾关系，从而确立法定权利与有限权利意识，促进私人理性向公共理性的转变。民主权利意识与公共精神是现代公民素质的重要内容，也是人的现代化发展的基本面向。人的现代化与社会的现代化是相互依存、相互制约、相互促进的。

我国处在社会转型过程中，满足人民权利需要还面临许多现实的困境。过去政府受长期一元化、集权化的管理体制影响，对自身的职能定位还不明确，有限政府的理念还没有落到实处，政府职能存在缺位、越位和错位状况。20 世纪 80 年代末，政府提出“稳定压倒一切”的目标，“维稳”成为政府工作的重要内容，在“维稳”的目标下，甚至不惜放缓改革的步伐，放慢发展的速度。为了“维稳”，政府投入了巨额的行政成本，但是取得的效果与投入不成正比。20 世纪 90 年代中期我国社会群体性事件频发。社会矛盾和冲突的根源往往是人民利益和权利需要未能得到满足。一些政府部门法治意识不强，化解社会冲突的能力不足，不能严格运用法治手段解决社会矛盾，采用强制性的手段压制个体合法利益诉求，导致公民的合法权益受到侵犯，一旦“民怨”演变为“民愤”，将会危害社会稳定。

新时代我国社会主要矛盾发生转化，社会治理的目标应以“维权”为核心，以满足人民对美好生活的多样性、多层次的需要为目的。国家对社会的控制逐渐从单纯追求“维稳”走向对公民“维权”的认可，并强调建立一套与经济转型和社会转型相匹配的利益协调机制，通过柔性管治维护社会秩序①。社会治理现代化的目标就是为了满足人民权利的需要，保障人民权利的实现。满足人民权利需要必然要求约束公共权力，否则人民权利就会流于形式。社会治理现代化将建立责任、法治和服务型的现代政府，切实保障人民的各项权利。首先，政府认真履责。根据宪法、法律的授权，政府有管理经济和社会的权力，政府的职权与职责是相统一的。一方面，政府在法律允许的范围内，根据法律的授权来行使权力，不滥用职权；另一方面，政府将自觉地认真履行职责。法律规定政府的职责，明确

① 郁建兴、关爽：《从社会管控到社会治理——当代中国国家与社会关系的新进展》，《探索与争鸣》2014 年第 12 期。

政府权力清单，限制政府越权行事。责任政府将对不履行职责或者滥用职权的行为进行惩处。其次，政府依法行政。政府作为公权力的代表，承担着维护社会秩序、保障公民权利的使命。政府在法律的规制下，在法律的约束中，保障社会秩序，保护公民权利。最后，政府全心为民，以人民是否满意作为衡量政府工作好坏的标准。

三、社会治理现代化保障人民权利的实现

社会治理现代化将对政府的公共权力进行有效约束，这与满足人民权利需要是统一的。社会治理现代化将使公共权力与公民权利之间形成明确的界限，权力的来源、权力的运行、权力的监督都遵循法治原则。公共权力的运行规范化、制度化、法治化将从制度供给和发挥制度效能两个方面保障人民权利的实现，使人民参与对美好生活的管理和创建，这反过来将进一步塑造现代公民，推动人的现代化进程。社会治理现代化与满足人民权利需要是相辅相成的，社会治理现代化将不断丰富人民权利的内容，拓宽人民行使权利的渠道，创新权利的实现形式，完善权利的保障制度。社会治理现代化的实现，将会更具体、更及时、更充分地满足人民权利需要，提高人民参与社会治理的能力，为人民的社会参与提供更多的机会，使人民能够参与社会政策的制定、实施和监督的全过程。

首先，从制度供给来看，社会治理现代化有助于完善保障人民权利的各项制度。人民权利的实现需要完善权利保障的各项制度。完善的制度将推动人民有效参与民主选举、民主协商、民主决策、民主管理、民主监督的活动，保障人民的选举权、知情权、参与权、表达权、监督权。改革开放后，历届党的代表大会的报告中都强调保障人民权利。我国已经建立保障人民权利的制度体系，但有些领域还存在制度空白，有些制度执行不力、不够细化、缺乏程序化的规定。保障人民权利的实现要进一步建立健全人民利益的维护、表达和协调机制，预防和化解社会矛盾机制等，引导人民依法行使权利、表达诉求、解决矛盾。对于既有的利益表达和利益协调制度要优化，推动人民代表大会制度、政治协商制度、信访制度、基层自治制度等不断创新。要努力打造多元利益主体都能表达利益诉求的平

台，在这个平台上，社会各方可以通过协商、讨价还价、利益博弈参与制定公共政策。对于制度空白要加快立法，弥补漏洞。对于制度执行不力、不够细化等问题要加强执行力度，完善公民实现权利的程序保障制度以及公民权利受损时的救济制度。现实生活中在涉及人民切身利益的房屋拆迁、土地征收、环境污染、食品安全、工资待遇、社会保障等领域，要使人民能明确自己的权利，并清楚维护权利的程序，同时要畅通人民的维权渠道，健全权利救济制度，提升人民合法维权的意识和能力，使人民主动选择法律途径，减少无序化维权。只有逐步完善社会主义民主制度，丰富民主形式，扩大人民有序政治参与，推进政治体制改革，人民当家作主的权利才能真正落实。

其次，从制度效能来看，社会治理现代化有助于有效发挥各项制度的合力。党的十九届四中全会首次提出要把制度优势转化为治理效能。治理效能的高低是检验制度是不是具有优势的标准。制度的运用和优化过程表现为治理。制度效能的发挥是治理现代化的必然要求。制度效能的发挥需要有良好的制度环境。伴随着市场经济和民主政治的发展，中国公民社会有了一定程度的发展，在政治、经济和社会各领域的作用也日益突出。但是我国公民社会兴起的时间还不长，公民社会的自治能力不高，公民的社会参与意识比较低。市场经济促使个人权利意识的觉醒，但是原子化的个人缺乏公共精神，对公共事务冷漠。各项权利保障制度的落实需要充分发挥公民社会的自我组织、自我管理的能力，使公民社会成为社会治理的真正参与者。同时，社会治理制度效能的发挥还依赖于现代科技提供技术保障。信息技术迅猛发展，深刻影响和改变着人们的生产生活方式。在社会治理实践中，新型科技的应用已成为所有治理主体的一项必备技能。现代技术手段一方面为人们提供各种社会治理信息，保障人们的知情权，一方面拓展人民参与社会治理的空间，推动人民积极参与，培育公共精神，将切实保障人民各项权利的落实。

发挥保障人民权利实现的各项制度的效能，形成制度合力，需要在党的领导下，完善协商民主体系。程序合理、环节完整的协商民主体系能保证公民的知情权、参与权、表达权、监督权得到落实。多层次多环节的民主协商，使人民得以全面表达自己的利益诉求，就关心的经济社会中的重大问题以及与自身利益密切相关的问题展开协商，将使人民的各项权利实现获得切实的制度保障。在协商中，要实现多元主体的真正平等，不仅需要平等的原则，还需要通过各项制度确保政党、政府、社会组织、公民等平等参与公共政策的议程。协商民主的内容涉及方方面面、形式多种多样，要对其内容进行界定，对其形式进行梳理，规范协商民主活动；要完善协商民主体系，发挥制度合力，使人民在参政议政的实践中不断提升自身的能力。随着社会治理现代化的推进，社会自治不断发展，社会的自主性和主体性显著提升，人民当家作主的权利不断深入发展。

第三章　坚持和完善共建共治共享的社会治理制度

党的十八大以后，我们党从理论与实践两个方面不断探索社会治理现代化的方向和规律。党的十九届四中全会提出了坚持和完善共建共治共享的社会治理制度，并提出加强和创新社会治理必须完善党委领导、政府负责、民主协商、社会协同、公众参与、法治保障、科技支撑的社会治理体系。无论是从“打造共建共治共享的社会治理格局”升级为“共建共治共享的社会治理制度”，还是从“五位一体”升级到“七位一体”的社会治理体系，都意味着党在社会治理现代化的理论与实践探索上迈入了一个更新、更高的阶段，为全面建设社会主义现代化国家提供了重要的支撑与保障。

第一节　从社会治理制度到社会治理效能

党的十九届四中全会将共建共治共享的社会治理格局升级为社会治理制度，首先表明我们党对现代社会治理所涉及的社会关系的深度理解。也就是说，共建共治共享成为原则性、根本性的治理规范，这是由当代社会特殊的社会存在、社会关系所决定的。众所周知，随着市场经济的发展，中国社会结构出现了高度分化的局面。党的十九大报告指出：“中国特色社会主义进入新时代，我国社会主要矛盾已经转化为人民日益增长的美好生活需要和不平衡不充分的发展之间的矛盾。”不平衡不充分的发展造成了不同地区、人群、阶层之间的利益多元化、差异化格局，多主体、多方面的利益需求不断涌现，矛盾冲突难以避免，这给社会治理带来很大挑战。面对社会结构深度变动、利益关系深度调整、价值观念深度变化的情况，如何更具有效性与针对性地协调社会关系、规范社会行为、解决社会问题和化解社会矛盾，这是创新社会治理面临的核心议题。

一、制度是根本

所谓制度，在宏观层面上，制度是指在一定历史条件下形成的规范化、系统化、定型化的社会关系体系，例如围绕经济关系、政治关系、思想关系相应就会形成一定的经济制度、政治制度和文化/意识形态制度，制度是用来规范个体与群体行为的。而在微观层面，制度是指能够日常或重复行使、由成员共同遵守的办事规程或行动准则，“制度就是稳定的、受珍重的和周期性发生的行为模式”①,“制度化是组织和程序获取价值观和稳定性的一种进程”②。由此可知，制度具有双重含义：一是在实践上，指的是一定的行为、组织或程序稳定地、周期性地运行，这是制度客体的层面；二是在思想上，指的是一定的行为、组织或程序的运行获得稳定的价值观支撑，即人们愿意并期待（内在认同）制度发挥其规范性效力，这是制度观念的层面。这两个层面相互联系、相互作用，决定着制度规范与制度效能的实现。

社会治理制度是指在社会公共事务中，围绕如何处理个人与群体的直接的、具体的利益问题而形成的规制社会成员的行为规范体系，其目标是维护社会安全、实现社会生活有序化和公共利益最大化。社会治理制度确立了社会治理的根本原则和标准。坚持和完善共建共治共享的社会治理制度，就是要将共建共治共享作为制度原则与实践标准确立下来。同以往打造共建共治共享的社会治理格局比较而言，这意味着共建共治共享的性质发生了跃迁：它不再只是一种方式方法，更是治理的基本规范、基本原则；它不再只是一种可欲的目标，更是现代社会多元主体参与治理的起点。也就是说，“共建共治共享”从一种治理方式或治理目标升级为一种制度性原则，作为社会治理现代化的本质要求来规定或指导社会治理的实践。

要坚持和完善共建共治共享的社会治理制度，政府率先改革行政管理与社会管理模式是关键。长期以来，我国政府主要采取自上而下的行政管理模式，承担几乎所有社会公共事务职能，将社会组织和广大民众视作单

① 塞缪尔·P. 亨廷顿：《变化社会中的政治秩序》，王冠华、刘为等译，上海人民出版社，2008，第10页。

② 同上。

纯受动的被管理者。这种管理模式的形成有其特殊的历史条件，也在很长一个时期发挥了不可替代的作用。但是，随着当代社会利益格局日益复杂化、社会诉求日益多样化、社会主体日益多元化，这种管理模式越发难以适应社会发展的需求。因此，政府要主动改革行政管理与社会管理模式，明确自身权责的界限，培育社会的主体性力量，即将更多的管理职权与事务交给市场、社会和公民自身去博弈和负责，而不是凡事亲力亲为。这不仅是政府应该持有的一种基本理念和态度，而且应该成为制度设置本身，即为社会治理主体身份的确认、公共权力与责任的分配、社会协同和公众参与的方式等提供相应的法律、法规或政策依据，为社会管理权利的行使提供保障。坚持和完善共建共治共享的社会治理制度，其核心就是推动形成全社会积极参与、实现政府与社会共治的目标。在一定意义上可以说，“共建共治共享”就是我国社会治理现代化的“灵魂”，是标识当代政治与社会关系变革的关键。

二、体制机制创新是关键

坚持和完善共建共治共享的社会治理制度，表明党中央要使之成为长久的、稳定的、可持续的制度形式，并在此基础上激发更多体制机制的创新。加强和创新社会治理关键在体制创新，要深入调研治理体制问题，就是因为体制不断开拓创新，才能发挥出治理制度应有的治理效能。

体制是制度外在的具体表现或实施形式，制度决定体制并通过体制表现出来。社会治理体制是为了实现社会治理制度而设置的，主要涉及参与社会治理的各主体要素之间的关系及其合作方式，“社会治理体制是国家机关与企事业组织的相互关系、治理权限划分以及工作规程的社会设置，是各类社会组织从事公共事务管理的工作关系与流程”①。也有人认为，体制就是制度体系，“社会治理是一套制度化、组织化的行动体系，建立适宜的体制是推进社会治理的重要基础。所谓社会体制（社会建设的体制），是指社会治理各个方面的制度构建，包括资源调动与分配、社会服务的运

① 赵继伦、赵放：《确立社会治理的三维视阈》，《东北师大学报（哲学社会科学版）》2014 年第 4 期。

行、组织体系构建及各类各级组织之间分工配合的制度体系”[①]。这里的体制显然着眼于各种具体制度之间的组合关系。如果侧重从各种组合所产生的功能或效能去理解，则是机制的问题，如竞争机制、合作机制等，“机制是借助社会系统的各种结构要素按照一定的方式相互作用并实现其特定功能的过程。”[②]

一般来说，制度是体制的根据，制度是根本性、决定性的，而体制、机制则是从属性、依附性的。制度决定着体制、机制的根本性质，体制和机制则服从、服务于制度。在一定意义上，制度是根本、是内容；而体制机制是形式、是载体；制度具有相对稳定性，而体制、机制则具有易变性。这正是体制、机制创新的前提，其目标是促进制度的实现和发挥制度的实际效能。坚持和完善共建共治共享的社会治理制度，就是要咬定共建共治共享的体制原则不放松，改革政治管理体制、社会管理体制中与之相悖的方面，构建一个更加多元平等、开放包容的社会治理体系，让市场力量、社会组织与公民个体广泛地参与治理过程，“在开放化的格局和思维中，构建政党与社会的联结机制，推动政府、社会和市场的合作与联结，使各种主体的积极能量汇聚于社会治理之中，正是现代化社会治理体系的基本特征。”[③]

以共建共治共享社会治理制度为依据的社会治理体制、机制的创新，其核心问题是如何处理两个方面的关系问题。（1）治理主体的关系，即如何构建党委领导、政府负责、社会协同、公众参与的协调合作体制、机制，其重点是推动社会协同和公众参与，“社会治理现代化的核心是政府与社会的关系在法律和文化上如何界定，各种社会活动如何确定自己的组织方式，居民如何实现公共参与，以及基于居民参与活动和方式形成的社会关系状况。”[④]因此，创新社会治理体制要在党中央集中统一领导、政府主体负责的条件下，更多地创新社会组织和人民群众参与社会治理的组织形式和制度化渠道。（2）治理层级的关系，即如何构建从中央到地方（省、市、县、乡各级党委和政府）的上下贯通、权责明晰的指挥协同体

① 范鹏：《统筹推进“五位一体”总体布局》，人民出版社，2017，第 262 页。

② 赵继伦、赵放：《确立社会治理的三维视阈》，《东北师大学报（哲学社会科学版）》2014 年第 4 期。

③ 刘建军：《为社会治理现代化探出新路》，《解放日报》2016 年 1 月 5 日，第 11 版。

④ 丁元竹：《推进社会治理现代化的基本思路》，《北京师范大学学报（社会科学版）》2016 年第 2 期。

制、机制，其重点是健全能够充分发挥中央和地方积极性的体制、机制，在加强中央对宏观事务与紧急事务的管理的同时，赋予地方更多自主权，支持地方创造性地开展工作，推动社会治理重心下移。只有处理好这两个方面的关系问题，体制、机制才能更加顺畅地运行，并在实践中转化为治理效能。

三、治理效能是结果

制度的生命力在于执行，在于取得治理效能。所谓治理效能，就是各项制度在实践中贯彻执行的实际程度和既定任务目标的完成程度。通俗地说，从制度优势到治理效能，就是中国特色社会主义制度在实践中行得通、真管用、有效率。新中国成立以来我们创造了世所罕见的经济快速发展奇迹和社会长期稳定奇迹，这已经充分证明了中国特色社会主义制度的总体优越性。但在社会治理现代化领域，从制度建设到治理效能的取得之间仍然存在一些短板和弱项，需要在实践中不断探索完善。在制度建设和体制、机制创新的基础上，将制度优势转化为治理效能，才能确保社会治理现代化目标的实现。

党的十九届四中全会通过的《决定》明确指出，要加强系统治理、依法治理、综合治理、源头治理，才能把我国制度优势更好地转化为国家治理效能。系统治理是运用系统性原则和方法来治理。社会治理本身就是一个系统工程，这个系统既包括治理主体的系统，也包括治理对象的系统。治理主体系统必须坚持党的统一集中领导，发挥政府主导作用，倡导社会多元主体共同参与，实现政府、社会和群众的良性互动；而治理对象系统包括政治、经济、文化、社会、生态等各领域，涉及国计民生等各方面的大事，对此必须加强顶层设计，统筹考虑各领域、各层级、各方面的需求，避免顾此失彼。依法治理是运用法治原则和方法来治理，打造科学立法、严格执法、公正司法、全民守法基本格局，在全社会培育法治观念和法治思维，营造人人学法、懂法、知法、守法、用法、尊法、护法的法治氛围，使政府官员和人民群众都进一步学会和习惯于依法办事，将法律当作解决问题和化解矛盾的准绳。综合治理是指多主体互动、多部门合作、多方式运作的治理，这是治理复杂社会的必然要求，要做好政府管理与社会自我调节相结合、立法手段与行政手段相结合、德治与法治相结合、他律和自律相结合。源头治理就是要治本、治根，找到问题的源头和症结所在，将隐患扼杀在萌芽状态，将矛盾冲突化解在基层，尽量使政策制定与执行符合国情、符合实际、符合民众需求。

而按照社会治理社会化、法治化、智能化、专业化水平这四个维度的要求，治理效能的取得必须做好主体整合、法治保障、技术支撑、队伍建设等方面的工作。例如要探索构建政府同市场力量与社会力量各司其职、各尽其能又相互协作的体制、机制，包括确立共建共治的基本规则，确立市场主体和社会组织有效承接政府职能和服务的范围和界限等；要推动政府依法行政和其他社会治理主体的依法规制，明确非政府社会治理主体的形成方式及其社会治理事项，推进多层次多领域依法治理、建设完备的法律服务体系；要持续拓展新技术在社会治理领域的应用，在促进大数据、云计算、电子监控系统、电子政府系统的广泛应用的同时，也要完善法律机制，确保作为公权力运作的技术手段要契合公共利益、正当程序等的要求，避免新技术应用给民众隐私权利带来侵害；要健全社会治理专业人才的参与及培养机制，使各类专业人员按照专业化管理标准来开展社会服务、提升社会治理效能。

第二节　坚持共建共治共享三大原则

共建共治共享原则是社会治理现代化的制度性原则，三者都统一于以人民为主体的历史观和以人民为中心的发展观。在促进社会治理现代化的进程中，共建共治共享都要充分依靠人民、服务人民，既使人民群众成为社会治理的主体，也使人民成为享有社会治理成果的主体。只有坚持共建共治共享的制度性原则，创新共建共治共享的体制、机制，才能建设人人有责、人人尽责、人人享有的社会治理共同体，促进人的全面发展与社会的共同进步，最终走出一条成功的、有中国特色的社会治理现代化之路。

一、坚持共建的主体性原则

共建是指多主体共同进行社会建设，包括共同解决社会问题、满足社会需要、创造社会价值等，这是社会治理现代化的主体性原则。共建的主体必须是多元主体，单一主体就不存在“共”建的问题。多元共建的必要性在根本上源自政府与社会关系的深层变革：过去政府绝对主导的模式已无法适应日益复杂化的社会，同时社会力量日益壮大，社会的参与需求日益高涨，参与所涉及的范围和事物也呈现广泛化、多元化、精细化发展的趋势。在这种情况下，自上而下的行政命令式管理越来越难于或疲于应对多元群体的利益需求和利益冲突，而人们为了及时有效地维护公共利益与自身权益也不再单单指望政府权力的介入，而更倾向于动用自身的信息、智慧和理性来谋求问题的解决。因此，共建的客观必要性便在这个过程中形成了。

与此同时，社会整体性和系统性的进一步加强，为多元共建创造了客观条件与可能。也就是说，政府、市场、社会、公众等围绕公共利益形成了更高程度的利益共同体，这使多元主体共同参与社会建设成为可能。“事实上，政府、市场、社会、公众都因其关注公共利益的公共性和倡导价值共享的内在需求，内在地决定了它们都是现代社会治理不可或缺的重要参与主体。”① 公共利益包含积极意义上的公益品供给，也包含消极意义上的避免公共利益受损。在前一种情况下，实现有序、有效的治理是政府、市场与社会的共同期望，是获致政府合法性、市场繁荣、社会兴旺发达的重要条件，每一方的利益都在这个过程中得到实现或保障。而在后一种情况下，社会可能面临各种自然性或社会性的危险或风险，给政府治理、市场运转和公众生存都造成直接的威胁，一些威胁往往是无差别的、全社会扩散的，例如金融经济危机、公共卫生安全事件等。这时候就只有全社会联合起来对抗和化解风险，才能捍卫整个政治社会共同体的利益。

共建的实质是政府“放权”给社会，这使社会在享有更多权利的同时也承担更多的义务和责任。权利和义务、权利和责任是不可分割的统一体，主体享有什么样的权利，就要承担什么样的义务与责任。在过去政府权力主导一切的行政管理体制下，政府也会承担压倒性的责任。而共建的社会治理体系，就意味着将由社会同政府合作进行公共治理，社会将享有更多的权利，参与对权力的分享和监督，同时社会也将承担其参与所造成

① 夏锦文：《共建共治共享的社会治理格局：理论构建与实践探索》，《江苏社会科学》2018 年第 3 期。

的影响或带来的后果，即承担责任。共建共治在实质上意味着“国家正在把原先由它独自承担的责任转移给公民社会，即各种私人部门和公民自愿性团体，后者正承担着越来越多的原先由国家承担的责任”①。这就将过去政府“我说了算”并“由我负责”的管理格局，转变为“大家商量着办”和“大家一起负责”的治理格局。也就是说，由共建原则必然导出社会建设与社会治理“人人有责”的逻辑。

在明确多元主体之后，另一个问题是共建什么，即共建的对象是什么。共建首先应从社会建设与社会治理两个方面来理解：社会建设侧重于民生保障的维度，不断健全完善幼有所育、学有所教、劳有所得、病有所医、老有所养、住有所居、弱有所扶等方面的基本公共服务制度体系；社会治理侧重于社会秩序的维度，不断完善社会治安防控体系、公共安全体系、国家安全体系，确保人民安居乐业、社会安定有序。这两个方面都与人民的生活环境、生活条件和生活质量息息相关，需要在国家主导、政府负责的条件下引入市场和社会力量来协同建设。另外，共建也可以从满足人民美好生活需要的基本要素来理解，即加强社会领域中的物质文明建设、精神文明建设与制度文明建设，着力改善民生、提高社会文明程度、促进制度规范体系的完善及有效运转。要实现这些目标，不仅要发挥政府主导、政府负责的作用，更需要每一个个体的努力，这样才会有整个社会的进步和完善。

二、坚持共治的过程性原则

共治是指多元主体共同进行社会治理，因此它兼具主体性和过程性的双重指向。共治是现代社会治理和参与式民主的本质要求，表明公民和社会各类主体对社会事务或公共事务的实质性参与。打造全民参与的开放治理体系是共治的关键；而构建政府治理与社会自治的良性互动关系则是共治的目标。

全民参与不只着眼于“人人”“全体人民”“全体公民”，还包含着党委、政府、社会组织等主体在内的结构性体系。也就是说，全民参与的开放治理体系是由党委、政府、社会组织、公众等共同构成的，并按照党委

---

① 俞可平：《权利政治与公益政治》，社会科学文献出版社，2000 年，第 112 页。

领导、政府负责、社会协同、公众参与的职责要求，各自发挥不同功能并通力合作。党委领导为共治提供政治保证与组织保证；政府负责为共治的展开及其目标的实现提供政策支撑并承担主体责任；社会协同是指社会力量主动配合并帮助政府达成治理的目标；而公众参与则是构建共治多元主体的关键。党委、政府、社会组织、公众这四方以怎样的方式各自发挥作用并进行良性互动？答案就是民主协商。民主协商是多元主体围绕公共事务进行共治的程序要件，也是人民群众实质性参与治理过程的基本路径。因此，共治也被界定为“各大主体通过沟通、协商、调和、合作的方式而不是简单的硬碰硬的办法来共同参与公共事务治理，妥善解决矛盾纷争，进而达成一致性意见、采取一致性行动”①。在进行公共决策或者公共管理时，凡是涉及广大人民群众切身利益的事，都应该是共同治理的内容。

共治的目标是要实现政府治理和社会自我调节、居民自治良性互动。在实现共治的过程中，党委、政府应学会“自上而下”地放权，而社会力量、社会公众则必须学会“自下而上”地积极参与，这是共治实践的重点与难点。一方面，政府应主动放权、率先开放社会治理的相关领域和事务，创造社会组织和社会公众广泛参与进来的可能。另一方面，全社会要积极倡导公众参与的氛围，鼓励多元参与主体切实行使各项政治与社会权利。公众的参与能力及其责任意识只能通过参与实践来培育。因为公众对治理责任的承担源自其在治理实践中学习和认知到的社会对其的要求。他需要认同这种要求并自由自觉地按照这种要求行事，继而承担起相应的责任。由此，共治原则就会导出“人人尽责”的规范性要求，使共治走向良性循环的轨道。

共治的过程实质上是权利与权力合作的过程。在这个过程中，社会力量与国家力量决不是相互削弱而是相互助力的关系，二者应该保持一种动态平衡。如果政府权力比重太大，公民权利被极度压缩，就不存在共治的可能；但反过来，如果政府权力比重过小，就无法制定有效的公共政策并加以执行，结果就是政府无能、治理无效。因此，维持国家权力在社会政治结构中的适当比重和承认政府治理的主体性，不是对共治的削弱，而是社会各方面参与共治的必要条件。因为国家是整个国民利益的总和，强大

---

① 夏锦文：《共建共治共享的社会治理格局：理论构建与实践探索》，《江苏社会科学》2018 年第 3 期。

的国家意味着国民有更广阔的生存空间；而政府是国家利益的代理者，只有强有力的政府才能为国民提供更有保障的公共利益。因此，共治绝不能以削弱政府权力和效能为代价，应在政府治理与社会自治之间谋求一种动态平衡：既要发挥政府治理的主体责任，又要发掘社会自治的潜在力量，二者分工协作、相得益彰。

三、坚持共享的价值原则

共享是治理成果的共同享有，这是我国社会治理现代化的价值原则。共享不仅是社会治理带来的结果，而且是社会治理的前置性原则。从现实角度来说，如果社会治理不是为了公共利益的最大化，或无法促进公共价值的实现，那么共建共治就会失去其存在的前提，社会治理共同体的建设也就是无源之水、无本之木。从理想的角度来说，共享是社会主义走共同富裕道路的必然要求，是社会主义一切社会实践和制度安排的最终归宿。

共享发展是我们党提出的新发展理念的重要内容，体现了社会主义维护社会公平正义、促进共同富裕的基本价值取向，体现了以人民为中心的发展思想。我们党带领人民进行社会建设与社会治理的根本目标，就是要创造更多的公共福祉来满足人民日益增长的美好生活需要，“让广大人民群众共享改革发展成果，是社会主义的本质要求，是社会主义制度优越性的集中体现，是我们党坚持全心全意为人民服务根本宗旨的重要体现”①。改革开放以来，我国的民生事业与社会公共服务事业总体上有了长足进展，但是城乡差距、地域差距仍然客观存在，致使人们在教育、就业、医疗、养老、住房、社会保障等方面的享有内容和程度并不平等。共享对社会治理提出的要求就是要改革或破除各种不合理的制度、体制、机制障碍，完善公共服务体系，推进基本公共服务均等化、可及化，使社会建设与社会治理的成果更多地惠及每一个人。

共享不是无条件的共享，而是在共建与共治基础上的共享。只有参与共建共治的过程，才能够共享社会治理成果。也就是说在原则上，共享的主体资格应该是由共建共治的实践来确立和赋予的。只有更多的力量参与共建共治，才能创造更多的公共价值，人们共享的成果及其范围才会越广

① 习近平：《在党的十八届五中全会第二次全体会议上的讲话（节选）》，《求是》2016 年第 1 期。

阔；只有保证共享的实现，才能激发更多的力量参与共建共治的过程，“只有人人尽力、奋发有为，积极创造社会财富和文明成果，才能为共享提供现实基础。共建的成果越多越好，共享的质量和水平才会越高，人民的获得感、幸福感才会越强。发展成果共享又会激发共建的活力，推动共建进一步发展”①。在这个意义上，共享虽然是共建共治的结果，但实际上共享又是共建共治的动力源泉。

共享既是一种阶段性结果，也是一个渐进性过程。中国特色社会主义进入了新时代，但我国仍处于并将长期处于社会主义初级阶段的基本国情没有变，我国是世界最大发展中国家的国际地位没有变，我们还要着力解决不平衡不充分的发展的问题。共享在原则上要求更加公平地分配改革发展成果，在政策上体现为增加公共服务供给、实施乡村振兴战略、促进教育公平、统筹人力资源市场、缩小收入差距、整合城乡居民医疗与社会保障制度等。这些政策都在有条不紊地进行中，但政策实效的取得并非一日之功。特别是在中国人口基数巨大、城乡和地域差距显著的情况下，实现共享发展将是一项十分艰巨的任务，需要接续不断的奋斗。这就意味着，共享与共同富裕都不指向绝对平均的分配状态，而是一个从不平衡走向相对平衡的过程。在这个过程中，每个个体都要通过自身的努力、依据自身情况而持续不断地获得发展的“增量”，切实提升获得感。因此，人人参与、人人尽力、人人享有既是当下中国正在生成的现实，也是一个需要不断追求并为之努力的理想。

第三节　坚持自治法治德治相结合

健全党组织领导的自治、法治、德治相结合的城乡基层治理体系，是构建共建共治共享社会治理制度的基本经验和必由之路。创新共建共治共享的体制、机制，必须落实到自治、法治、德治相结合的社会治理方式上来。自治、法治、德治这三种方式不是并立和相互独立的，而是互为补充、互相衔接、缺一不可的，自治是基础，法治是根本，德治是必需。从国家与社会结构来说，自治体现的是基层逻辑，法治体现的是国家逻辑，

① 李淑梅：《社会主义社会是共享发展的社会》，《人民日报》2016 年 4 月 29 日，第 7 版。

德治体现的是社会逻辑。只有坚持自治、法治、德治相结合，才能为建设人人有责、人人尽责、人人享有的社会治理共同体提供坚实的道德、法律乃至整个文化环境的坚实支撑。

一、自治是基层治理的基本方式

自治是古往今来基层社会最重要的治理方式，是底层民众或基层民众自我管理、自我约束和自我教育的治理方式。最初，人类共同体特别是有限规模的地缘、血缘共同体的自治，采取的手段主要有禁忌、图腾、宗教等文化形式，采取的方法包括全民议论或投票、集体决定等。随着社会文明的进步，道德和法律才融入自治之中，为自治提供基本依据和支撑。现代社会的自治与传统共同体的自治相比，最大的不同就在于古代社会的自治多以宗法等级结构为后盾，而现代社会的自治是人们之间自由而平等的联结。因此，自治是主体性的彰显，是主体自由、自觉、自主、自律、自立等的实现。民主和平等构成现代自治的价值准则；基层自治是基层民主最直观的表达。

自治的主体是基层群众，自治的范围和对象是一地、一域的基层内部事务。中国幅员辽阔，群体和地域差异性巨大，这为自治提供了客观必要性。只有一个共同体的人们对其传统、文化、利益等是最了解的，也只有他们才能够因地制宜、因事而异处理好他们内部事务带来的矛盾和问题，从而实现该地域共同体或社会共同体的和谐。形象地说，自治就是通过群众自身对共同体事务进行“把脉”和“会诊”，继而对症下药进行自我救治或自我整治，确保他们所置身于其中的社会有机体能够有效运转。作为基层自治典范的“枫桥经验”，其精髓就是“依靠群众就地化解矛盾”，确保人民安居乐业、社会安定有序。

基层自治以共同参与、民主协商等作为必要的方法和程序原则。这当中包含的规范性承诺是群众都是有理性的、负责任的。唯有理性的群众才能互相沟通、互相理解、互相尊重；唯有负责任的群众才能协商一致，为实现公共利益而共同努力。这种规范性承诺在现实生活中很难以理想的方式存在。由于国人进入现代社会的时间还不长，群众的现代化自治意愿和自治能力都是有欠缺的。因此，培养群众的自治能力是倡导和实现自治的必要条件。这不是说，必须先要宣传、教育好群众，才能放手让群众去自治；而是说，要把自治的着眼点放在“人”的要素之上，把自治的素质视为自治实践的产品，通过推动群众自治来锻炼人、塑造人，使群众成长为合格的自治主体，从而激发社会自治的潜在力量。

从人类社会公共事务的运行方式来看，愈是文明进步的社会，自治的成分愈多，他治的成分愈少。按照马克思的设想，国家这种公共权力机构最终消亡，就是因为社会完全获得了自我组织、自我治理的能力。因此，倡导社会自治实际上是顺应这一社会发展趋势和发展规律的。在当前阶段，党和政府要着力加强和深化村民和居民的自治实践。一是要完善基层民主制度和群众性自治组织建设，完善民主选举、民主协商、民主决策、民主管理、民主监督制度，规范基层的自治组织的选举办法，健全民主决策程序。二是要落实群众知情权和决策权，依托村（居）民会议、村（居）民代表会议、村（居）民议事会、村（居）民理事会等，形成民事民议、民事民办、民事民管的多层次基层协商格局。三是要充分发挥中华优秀传统文化和村规民约在基层治理中的独特功能，弘扬公序良俗，争创文明社区与文明村镇。

二、法治是国家治理的根本方式

自治是群众的力量，德治是社会的力量，而法治就是国家的力量。坚持自治、法治、德治相结合，其中法治就是运用国家意志、国家力量对群众、对社会力量进行规约。这在实践中表现为法治为自治和德治“划界”：一方面，凡是合乎法律规定或者说与法律无涉的基层事务，尽可以交给群众自治，而自治本身也是由法律来保障的；另一方，无论是自治还是德治，其所涉事务只要触及法律，就要优先适用法律，不得用“私了”或“道德公堂”的方式处理之。法治是具有普遍适用性和优先适用性的。

在社会治理的过程中，自治的法治约束和法治实施主要体现在以下几个方面。首先，自治作为一种基层民主权利，是由法律所保障的，同样按照法律的要求，自治的权利也是人人平等的，要坚决反对基层的特权现象。其次，法治以公平正义为生命线，这就要求自治必须秉持法治原则和法治价值，推进各项权益在社会成员之间的合理、公平的分配和占有。再次，法治是程序正义和实体正义的统一，要克服和避免老百姓的“朴素正义”对程序正义的影响，确保自治的合法性、参与性、公开性，防止自治的主观任性、无序混乱。

基层群众自治进程中坚持依法办事的程度，体现的是整个国家政治文明和社会治理现代化的程度。它不仅标志着依法治国理念和实践有了坚实的社会基础，而且标志着人的现代化在法治信仰维度上的长足进步。新中国成立70多年来，通过长期的法治建设、法治实践和法治宣传教育，人民群众的法治意识和法治素养有了普遍的提高。但不可否认，在长期人治传统、特别是宗法制的自治方式的影响下，部分地区特别是农村地区仍然存在“以人代法”“以言代法”的做法，这既是对自治的民主原则的违背，也是对法治原则的践踏。

健全自治、法治、德治相结合的城乡基层治理体系，法治要先行。“社会治理需要德治、自治，但在传统文化积淀深厚、以面子人情为主的社会里，更需要依法治理，做到合情合理又合法。”① 当前法治建设、法治实践和法治宣传教育的薄弱环节在农村，突破口也在农村。从国家角度来讲，提高农村基层治理的法治化水平，要协同以下四个环节来发力：一是加强科学立法，回应农民需求，将各项涉农工作纳入法治化轨道，健全完善“三农”事业方面的专项立法；二是坚持严格执法，建设法治政府，基层干部要带头尊法、学法、守法、用法，确保政府活动在法律框架内有序运行，坚持严格规范公正文明执法；三是保证公正司法，构建开放、动态、透明、便民的阳光司法体制，让人民群众在每一个司法案件中都能感受到公平正义；四是倡导全民守法，加强农村法治宣传教育，完善农村法律服务。通过这四个环节来构建法治制度体系，使政府治理和群众自治都有法可依、有法必依，才能切实增强人民群众依法治理能力，提升社会治理现代化水平。

三、德治是社会调节的重要方式

道德是一种客观精神，即通过社会舆论、传统习俗和内心信念来发挥

---

① 谢志强：《社会治理研究》，人民出版社，2019，第144页。

作用的行为规范体系。德治就是发挥道德的社会调节功能，通过道德评价、舆论反馈等来指导和纠正人们的行为和实践活动。中华民族有非常悠久的德治传统。但在传统社会，道德主要是作为阶级社会的思想统治工具；而在现代社会，道德则成为个体自我成长和自我实现不可或缺的文化和精神基础。正因如此，现代社会的德治才是摆脱“他治”的强制属性、获得“自治”的自由属性的德治。德治在推动个体自我完善的同时，也促使个人与他人、个人与社会的关系趋向完善和谐。

德治要回答两个问题：一是德治的本体，二是德治的路径。第一个问题就是用什么样的“德”来治？在当代中国，社会治理的道德资源的主体是社会主义道德体系，德治必须紧紧依靠社会主义道德体系来进行：其根本方向是社会主义的，要以为人民服务为核心，以集体主义为原则；其根本主线是坚持社会主义核心价值观，将国家、社会、个人层面的价值要求贯穿到道德建设各方面；其重要条件是发挥社会主义法治的促进和保障作用，以法治承载道德理念。第二个问题是用“德”怎么治？德治是一项全社会、全领域、全覆盖、全阵地的系统工程。全社会是指全体人民都要加强社会公德、职业道德、家庭美德、个人品德建设；全领域是指道德要求贯彻到经济、政治、社会、文化、生态等领域，从更高层次、更广视野引领社会的全面发展；全覆盖是指道德和文明创建要落实到社会各层级、各载体，包括文明城市、文明村镇、文明单位、文明家庭、文明校园以及文明网络的创建；全阵地是广泛利用融媒体、基层、各类教育基地、公共文化设施、户外媒介等开展群众性的道德教育。

健全自治、法治、德治相结合的城乡基层治理体系，德治是基础。道德既是自治的心理和文化基础，也是法治实施的道义基础。德治以道德建设为条件，而道德建设的过程本身就是以德治国的过程：既是一般性地在全社会培育、弘扬社会主义核心价值观和社会主义道德；又是特殊性地针对不同领域、行业、职业和群体提出具体的道德要求。德治是内心的法律，是靠信仰、价值、理念等文化观念形态来支撑的。德治既有助于提升人民群众作为自治主体的素质禀赋，也有助于为全面依法治国创造良好的人文环境。因此，重视德治，加强公民道德建设，形成良好的道德风尚，提高全社会文明程度，既是建设文化强国的必然要求，也是实现社会治理现代化的必然要求。

根据2019年出台的《新时代公民道德建设实施纲要》的架构，在德治过程中，要高度重视以先进模范引领道德风尚。榜样的力量是无穷的，也是最具有直观性的。要在全社会各层级、各方面、各维度选树时代楷模、道德模范等先进典型，综合运用宣讲报告、事迹报道、专题节目、文艺作品、公益广告等形式，广泛宣传他们的先进事迹和突出贡献，树立鲜明时代价值取向，彰显社会道德高度。在过去的几年，民间发动、传媒助推的各行各业的“最美人物”掀起了全社会崇德向善向上的热潮，这既巩固了德者有得、好人好报的价值导向，也开创了普通民众见贤思齐、争当先进的生动局面。这就是德治的强大和深沉的力量。

综上，自治、法治、德治既相互衔接又相互补充，自治为法治和德治提供组织、载体，法治和德治为自治提供资源保障。自治的关键是激化人民群众自组织的能力与活力，而法治和德治的关键就是为人民群众自组织确立制度和规范性框架。有学者总结为：“自治增活力、法制强保障、德治扬正气，自治以其民事民议、民事民办、民事民管而凝聚共识，实施共治；法治以其规则刚性、程序透明、准则有效而定纷止争、惩恶扬善；德治以其核心价值、公序良俗、社会贤达而弘扬正气、引领风尚。自治法治德治优势互补、相辅相成，三者结合、融合必将形成社会治理的强大合力。”①

坚持自治、法治、德治相结合，是新时代坚持实事求是的思想路线和群众路线的创新实践，是新时代“坚持党的集中统一领导”和“发挥人民群众主体性和主创性”的创新实践，更是推进个人全面发展和社会全面进步的创新实践。社会的素质归根到底是人的素质。使自治契合法治与德治的需要，并依托自治提升人民群众的法治素质和道德水准，这既是社会治理现代化迈向高水平的重要体现，也是个人朝向全面发展的重要体现。因此，人的现代化和社会治理现代化构成“一体两面”的关系，二者互为条件、相互促进、协同发展。

① 张文显：《“三治融合”的桐乡经验具有独立价值》，《治理研究》2018年第6期。

第四章　构建“七位一体”的社会治理体系

党的十九届四中全会提出了加强和创新社会治理，必须完善党委领导、政府负责、民主协商、社会协同、公众参与、法治保障、科技支撑的社会治理体系，即“七位一体”的社会治理体系。这一体系是对坚持和完善共建共治共享社会治理制度的贯彻和落实。“民主协商”和“科技支撑”作为社会治理体系从“五位一体”升级到“七位一体”的两个新要素，体现了治理现代社会的时代要求或者说社会治理现代化的本质要求。“七位一体”的七个要素覆盖了治理主体、治理过程、治理手段三个方面，为社会治理现代化提供了明确的规范要求和实践指南。

第一节　治理主体：“四位一体”

社会治理是一项系统工程，其系统性首先体现在社会治理主体的多元性、相关性和协同性上。在“七位一体”的社会治理体系中，有四个都是主体性要素，包括党委、政府、社会与公众。党委领导、政府负责、社会协同、公众参与则明确规定了四类主体之间各有侧重、相互支撑、相互协作的关系。“四位一体”充分体现了共建的主体性原则，是对共建原则的体制性创新。坚持“四位一体”是打造多元治理共同体的基础。

一、党委领导

党的领导是中国特色社会主义最本质的特征。党政军民学，东西南北中，党是领导一切的。在社会治理现代化的事业中，也必须坚持党的领导。党委领导就是坚持党的中央委员会和地方各级委员会的领导，将党的领导落实到国家治理与社会治理的各方面各环节。党的领导是保持治理制度和治理体系稳定性和延续性、同时又推动治理制度和治理体系不断创新发展的根本政治保证。党委领导在社会治理过程中应重点发挥以下四个方面的职能与作用。

一是总揽全局和集中统一领导，由党中央按照中国特色社会主义事业总体布局，对事关全局和整体的问题牵头抓总、统筹协调、督办落实，保证社会治理的正确方向。特别是在形成重大工作或发生重大危机的情况下，要健全党中央集中统一领导的机制，完善推动党中央重大决策落实机制，形成从党中央到地方各级党组织的上下贯通、执行有力的严密体系，确保治理目标的实现。

二是全面领导和协调各方，党的领导要贯穿在人大、政府、政协、监察机关、审判机关、检察机关、武装力量、人民团体、企事业单位、基层群众自治组织、社会组织之中，确保党在各种组织中发挥领导作用，充分调动和组织各类社会治理资源；党的领导要落实到统筹推进“五位一体”总体布局、协调推进“四个全面”战略布局各方面，推动各项事业的均衡发展，推动各方面协调行动、增强治理合力。

三是充分发挥党自身的政治优势和组织优势，由各级党组织特别是基层党组织来整合社会治理资源，推动落实共治原则。基层党组织和九千多万名党员本身就是最重要的治理资源。要进一步健全党组织领导的自治、法治、德治相结合的城乡基层治理体系，强化基层党组织尤其是乡镇（街）和村（社区）党组织的领导作用，充分发挥基层党员干部的模范带头作用。

四是提高党的执政能力和领导水平。在决策上，党要把方向、谋大局、定政策、促改革，通过领导立法、行政等环节将人民利益转化为国家意志和公共政策，切实做到为人民执政；党要把提高治理能力作为新时代干部队伍建设的重大任务，坚持党管干部原则，把制度执行力和治理能力作为干部选拔任用、考核评价的重要依据，选贤任能，为推进社会治理现代化提供人才保障。

党委领导的制度优势是中国特色社会主义制度优势的核心要件。党委领导的制度优势在新冠肺炎疫情阻击战中展现得淋漓尽致。正是党中央统揽全局、果断决策，以非常之举应对非常之事，充分发挥了社会主义集中力量办大事、办难事、办急事的独特优势。在党中央的坚强领导下，全社会的治理合力得以形成，“各级党委和政府、各部门各单位各方面闻令而动，全国农村、社区、企业、医疗卫生机构、科研机构、学校、军营各就各位。在党中央的坚强领导下，全国迅速形成统一指挥、全面部署、立体防控的战略布局，有效遏制了疫情大面积蔓延，有力改变了病毒传播的危险进程，最大限度保护了人民生命安全和身体健康！”[①]实践再次证明，中国共产党具有无比坚强的领导力，是中国人民最可靠的主心骨。

二、政府负责

政府是国家权力的承载体和实际行为体。社会管理向社会治理的演变，虽然改变了政府与社会在共治中的互动关系，但并没有实质性地改变政府提供公共服务和完善社会管理的职能，这意味着政府仍然要承担主体责任。也就是说，政府作为国家权力的执行系统，必须坚持权责一致的基本原则。有权才有责，有权必有责，这样才能有效避免政府行政管理过程中的“错位”“缺位”“越位”现象。在社会治理过程中，政府要做好“管、放、服”三个方面的工作。

“管”是管理。虽然社会治理已经在许多场合替代了社会管理的概念，但社会管理始终是社会治理不可或缺的重要组成部分。社会管理侧重于国家意志和国家需要，是指国家通过制定一系列社会政策和法律规范，对社会组织和社会事务进行规范和引导，以达到调整社会利益、化解社会矛盾、维护社会公正与社会秩序、为整个社会发展创造良好内外部环境的目的。这个层面的社会管理的执行端主要就是政府。政府必须加强发展战略、规划、政策标准等的制定和实施，加强地方政府经济调节、市场监管、社会管理、公共服务、环境保护等职责，将该由政府管的事务管理好、管到位。

“放”是放权。政府负责其实也在否定的意义上包含着政府应对不该负责或不好负责的事情学会“放权”，将由政府垄断的权力让渡为社会的权利，使市场和社会力量参与到共治与自治的过程中来。放权的方向包括三个方面：向市场放权，就是向社会放权，向地方放权，分别涉及重构政府与市场、政府与社会、中央与地方的关系，其关键是把市场能管好、社会能管好、地方能管好的事务还给它们，扩大市场、社会和地方的自主权。放权的本质就是由政府单一管理的格局向政府与社会合作治理的格局转变，减少或剔除影响经济社会发展的制度阻力，进一步激发全社会的活

① 习近平：《在全国抗击新冠肺炎疫情表彰大会上的讲话》，《人民日报》2020年9月9日，第2版。

力和创造力，更好地发挥市场、社会组织与公众的力量。需要注意的是，放权不等于放任，当前我国市场秩序还不规范，社会组织还不够成熟，公众参与未成常态，对此，政府还要着力做好引导、规范、监管的工作。

“服”是服务。为人民服务是我们党和政府的宗旨。政府要坚持为人民服务、对人民负责、受人民监督，加快建设人民满意的服务型政府。政府服务要抓住社会建设与社会治理两个环节，一方面推动教育、医疗、卫生、健康、环境保护和社会保障等事业的发展，推进基本公共服务均等化、可及化，带领和团结人民共同维护社会秩序和安全，建设和谐社会与平安中国。另一方面，政府还要加快创新行政管理与服务方式，充分运用互联网、大数据、人工智能等技术手段来推进数字政府建设，减少审批环节、减少办事成本、提高行政效率，为人民群众提供更多便利。

三、社会协同

社会协同是贯彻和落实共建共治原则、创新共建共治体制机制的基本路径。社会协同主要生发于现代国家与社会、政府与社会的二分。“社会协同治理机制是指政府出于治理需要，通过发挥主导作用，构建制度化的沟通渠道和参与平台，加强对社会的支持培育，并与社会一起，发挥社会在自主治理、参与服务、协同管理等方面的作用。”[①] 从社会协同的“社会”所指的内容而言，社会协同应该包含两层含义：在广义上是指“政府—社会”的二元结构中源自社会一方的力量主动配合并帮助政府治理；在狭义上是指社会力量中社会组织应发挥更加充分的作用。

社会协同首先是与政府主导负责联系在一起的。政府是体现国家意志和公共利益的专门性的政治统治与社会管理组织，而社会则是由个人及个人自主结合而成的各种非政治性组织和关系的总和。在现代化进程中，社会力量壮大本身就是现代社会发展的突出表现，它带来的结果是社会事务与社会的自主管理能力不断扩大，而政府对社会的管理范围则逐步缩小。这是共治原则所顺应的客观发展规律。在协同共治中，政府与社会构成“掌舵者”与“划桨者”的关系：政府确定治理的方向和目标并承担主体

---

① 郁建兴、任泽涛：《当代中国社会建设中的协同治理——一个分析框架》，《学术月刊》2012 年第 8 期。

责任；而社会则充分动员各类资源参与到共治过程中来。这种模式的社会协同治理是基于政府与社会具有共同的治理目标，“这种目标的达成，既无法完全依靠政府之力，也不可能完全依赖社会自治，而必须来自政府与社会的合力。显然，成功实现这一目标的关键，在于政府必须建立或完善对于各类社会主体的支持培育机制。”[①] 因此，政府应积极培育社会主体，或为社会主体的发展壮大创造更好的条件。

在参与共治的各类社会力量中，社会组织是最容易忽视但又最值得重视的。社会组织是指在社会公共领域中人们为了实现特定目标而建立起来的有机结合体。社会组织广泛分布于社会各个领域，包括各种行业性、商会性、专业性、公益性、慈善性、企业性或非企业性团体群体。社会组织深嵌于各类社会关系之中，同社会公众与社会事务保持更加密切的联系，因而其活动的针对性和效率都更高，行动力也更强，很多公益性或专门性的社会治理都要借助社会组织来进行。据统计，2019 年中国的社会组织达 86 万余个，而且其空间分布与经济社会发展程度密切相关：经济活力越是强劲的地区，例如深圳、上海、杭州等，往往拥有更多数量的社会组织[②]，其社会治理水平也往往更加突出。

要更好发挥社会组织在社会治理中的力量，政府一方面要健全社会组织正当发展的法治保障，进一步完善有关社会组织参与社会治理的制度与规范体系，使社会组织合理、有序地参与到社会治理中来，激发它们服务于公益、慈善、治安、生活等社会事业的活力与能量，而对那些肆意扰乱社会秩序、污染社会环境、侵害人民财产、危害社会稳定和经济发展、损害党和政府形象的非法社会组织则要严厉打击。另一方面，政府要进一步健全发展向社会组织购买服务机制，为社会组织创造社会价值降低门槛、扩大口径。政府要在做好行业资格认定和准入审核等事项的基础上，分类别、分层级地向社会组织转让或购买一部分社会事务。例如，原来全权由政府负责的社会公共事业，如教育、卫生、文化、体育、公共交通、住房保障、社会保障、公共就业等，可以有条件地交给社会组织来做；社会组织能够更加及时有效地管好的社会服务事项，如社区事务、社会救助、法

① 郁建兴、任泽涛：《当代中国社会建设中的协同治理——一个分析框架》，《学术月刊》2012 年第 8 期。

② 参见中国社会组织公共服务平台，http://data.chinanpo.gov.cn/。

律援助、社工服务、社会福利、慈善救济等，可以更多地发动社会组织来承担；另外一些市场性强、专业性高的社会事务，如行业调查、统计分析、社会审计与资产评估、环境评测等，则应积极推进政府向社会组织购买服务。通过不断完善政府向社会组织购买服务相关政策制度，有助于形成一批运作规范、公信力强、服务优质的社会组织，提升公共服务的质量和效率，增进公共福祉。

四、公众参与

公众参与中的“公众”不是一般意义上的民众或群众，而是指同社会公共事务利益相关的组织、群体和个人围绕其利益关切所联结起来的社会群体，同时也是在与政府或其他公共机构互动中参与社会公共治理的社会群体。因此，公众参与不包括公众投票选举，也不包括街头运动，如抗议运动、维权运动等，因这些行为或行动都缺乏公众与政府或其他公共机构的互动，特别是制度化的互动。蔡定剑指出：“公众参与作为一种制度化的民主制度，应当是指公共权力在作出立法、制定公共政策、决定公共事务或进行公共治理时，由公共权力机构通过开放的途径从公众和利害相关的个人或组织获取信息，听取意见，并通过反馈互动对公共决策和治理行为产生影响的各种行为。”[①] 公众参与是现代民主特别是参与式民主的重要形式。公众参与对于民主建制是非常重要的，它既是整个国家民主制度取得持续的合法性的社会基础，也是社会治理更加合理有效的条件。公众参与在一定程度上是连接政府和社会的桥梁，是促进政府负责和社会协同的中介环节。

公众参与作为一个理念是20世纪90年代由西方传入中国的，作为一种政治社会实践则是21世纪初才逐渐兴起的。从最广泛的意义来讲，社会协同和基层治理都是中国社会公众参与的具体形式。但公众参与实际上对“公众”和“参与”都有特定的规范性要求。一方面，“公众”应该是勇于承担公共责任、摒除个人私利的人，是为了公共利益而发声、奔走的人；另一方面，参与应该是合法化、制度化、互动性的，并侧重参与的整个过程，即公众应该全程“在场”，包括在政策制定之前、之中充分表达

① 蔡定剑：《公众参与及其在中国的发展》，《团结》2009年第4期。

意见，在政策实施之时行使监督之权。此外，还需在公众和政府之间、决策者与受决策影响的利益相关人之间构建开放的、协商式的参与形式，遵循“‘公开、互动、包容性、尊重民意’等基本原则”①。同公众参与的这种理想相比，当前中国社会的公众参与还是一个薄弱环节。要将公众参与从一种理想状态变为更普遍的现实，需要着手构建相应的公众参与渠道、形式或路径。例如，通过各种制度化的渠道，如议事会、听证会等，使普通公众参与到政府的政策制定和实施过程中来；培育和支持各种组织化的载体，如非政府组织、行业协会等，使之承担公共治理的功能。

公众参与的发生需要两股合力：一是政府自上而下要以更高程度的民主和宽容精神来引导和鼓励公众参与，“如果公民参与没有首先得到政府领导人的同意或认可，那么公民参与就不可能被引入”②。因此，政府要首先加强公众参与社会治理的体制机制建设，着力构建公众参与的平台和载体，为公众及时表达利益诉求、做好利益协调提供保障和便利。二是公民自下而上崛起、不断提升参与能力。公民是从关心公共事务与公共决策或被纳入某种公共利益共同体而成为公众的。因此，公民可以从社区、企业、单位、群团组织或社会组织开始，提高对公共政策或决策的认知能力，自觉承担个人的社会责任与道德责任。这两股合力也是相互促进、相互作用的：政府可以及时获取公众方面的信息并给予反馈，提高治理决策的合法性和治理过程的顺畅性；而公众在参与中能够更好地协调各种利益关系，增加对政府的信任和支持，从而更加愿意参与到治理活动中来。

值得注意的是，公众参与在中国的语境下有一个更加通俗、直观的表述，那就是“紧紧依靠人民群众的力量”。在新冠肺炎疫情防控中，面对突如其来的严重疫情，中国人民风雨同舟、众志成城，构筑起疫情防控的坚固防线，向全世界展现了中国版本的“公众参与”所蕴含的极大能量。如习近平总书记所总结的那样，在党中央统揽全局、果断决策之下，“各行各业扛起责任，国有企业、公立医院勇挑重担，460 多万个基层党组织冲锋陷阵，400 多万名社区工作者在全国 65 万个城乡社区日夜值守，各类民营企业、民办医院、慈善机构、养老院、福利院等积极出力，广大党

---

① 蔡定剑：《公众参与及其在中国的发展》，《团结》2009 年第 4 期。

② 托马斯：《公共决策中的公民参与：公共管理者的新技能与新策略》，中国人民大学出版社，2004，第 118 页。

员、干部带头拼搏，人民解放军指战员、武警部队官兵、公安民警奋勇当先，广大科研人员奋力攻关，数百万快递员冒疫奔忙，180万名环卫工人起早贪黑，新闻工作者深入一线，千千万万志愿者和普通人默默奉献……”[①]之所以能够迅速集结，正是因为在党委领导和政府负责框架下的社会协同和公众参与。如果说疫情防控中公众参与主要还是应激性的、动员性的，那么后续的常态化防控，包括日常监测、信息共享、疫苗接种等问题，都需要公众持续的参与和支持。在一定程度上可以说，新冠肺炎疫情阻击战，对于提升中国社会公众参与的质量和水平具有里程碑式的意义。

第二节　治理过程：民主协商

民主协商这个表述有两个维度的理解：民主的“协”商与民主的协“商”，前者侧重于民主的主体性原则，而后者侧重于协商的程序性原则。民主协商本质上是治理过程中采取的方式方法，其核心是改变政府单方面的“自上而下”“命令式”的治理方式，将之转变为各多元治理主体之间平等协商、沟通交流的治理方式。民主协商作为一个新的要素被纳入社会治理体系，丰富了社会治理的渠道和方式，搭建了多元主体共建共治的桥梁，有利于更好地将制度优势转化为社会治理效能。

一、民主协商的实践结构

党的十八大以来，按照协商民主的广泛、多层、制度化发展的要求，政党协商、人大协商、政府协商、政协协商、人民团体协商、基层协商以及社会组织协商等各种形式都取得显著成效。从社会治理的角度出发，民主协商实践可以大致划分为国家层面的协商、政府与社会之间的协商、基层社会的协商这三个层次。民主协商在社会治理特别是基层社会治理中发挥越来越重要的作用。

首先，国家层面的民主协商主要包括政党协商、人大协商、政府协商、政协协商等，其实践有着现实的制度载体，那就是人民代表大会制度以及中国共产党领导的多党合作和政治协商制度。人民代表大会是支持人

① 习近平：《在全国抗击新冠肺炎疫情表彰大会上的讲话》，《人民日报》2020年9月9日，第2版。

民行使国家权力的基本民主制度，也是保证人民广泛参加国家治理和社会治理的重要渠道。而中国共产党领导的多党合作和政治协商制度本身就是政党协商、政协协商的专门载体。习近平总书记指出：“人民政协是统一战线的组织，是多党合作和政治协商的机构，是人民民主的重要实现形式，体现了中国特色社会主义制度的鲜明特点。”[①] 依托于这两项基本制度的“两会”（全国人民代表大会和中国人民政治协商会议）已经成为中国人民政治生活中的大事。“两会”期间，各党派、各团体、各民族、各阶层、各界人士在广泛收集民意的基础上共商国是，搭建了将人民群众各方面的发展需要和利益诉求反馈到党中央的沟通机制，也有力地保障了关乎国计民生的重大决策符合整个国家和全体人民的共同利益。

其次，政府与社会之间的民主协商，其内容主要是从中央到地方的各级政府同社会组织、社会公众之间共同进行的协商式决策与协商式行政，其实践载体主要是各类公共论坛、座谈会、听证会、立法调研等。这个层次的民主协商是在人民内部围绕共同问题进行广泛商量的过程，能够深入了解民情、反映民意、集中民智，具有推动人民有序政治参与、促进决策科学化民主化、密切党同人民群众的血肉联系等独特优势。但是，由于地方政府更加重视秩序稳定与行政效率，而社会组织又面临地位不明、动力不足、资金不够等难题，再加上缺乏有效的制度支撑，当前中国政府与社会之间的民主协商依旧很薄弱。为此，应进一步建立和健全各种保障性的体制机制，例如利用新技术创新政府与社会协商的平台载体、改革地方政府的政绩评价与问责和监督制度、建立公民个体与团体及媒体进行利益表达和监督权的常规渠道等，形成社会力量参与各层次管理和治理的机制，凝聚全社会推动改革发展的智慧和力量。

最后，基层社会的民主协商，其制度载体是基层群众自治制度，这是城乡基层群众在党的领导下依法直接行使民主权利，实行自我管理、自我服务、自我教育、自我监督的一项基本政治制度。习近平总书记指出：“人民群众是社会主义协商民主的重点。涉及人民群众利益的大量决策和

① 习近平：《在庆祝中国人民政治协商会议成立65周年大会上的讲话》，人民出版社，2014，第5页。

工作，主要发生在基层。”[①] 他还明确指示：要大力发展基层协商民主，重点在基层群众中开展协商。凡是涉及群众切身利益的决策都要充分听取群众意见，通过各种方式、在各个层级、各个方面同群众进行协商。近年来，民主协商在基层社会治理中的实践日益成熟，村（居）议事会、民主恳谈会、民主评议会、业主协商会等基层协商民主形式广泛开展起来。基层民主协商既可以更好地服务于本地经济社会发展和群众关注的民生事业，如公共卫生、社区环境、修路铺桥、慈善募捐等，也可以更好地化解邻里纠纷和人民内部的矛盾冲突。因此，基层民主协商具有深厚的实践基础和群众基础，有助于加快推进社会治理重心向基层下移和基层社会治理创新。

二、民主协商的重要意义

社会治理领域的民主协商是充分发挥我国社会主义协商民主制度优势的必然逻辑延伸，也是遵循共建共治共享原则推进社会治理现代化的内在要求。

首先，民主协商是社会主义协商民主在社会治理领域的表现形式，这是社会主义协商民主对社会治理提出的客观要求，也是夯实国家治理与社会治理的社会基础的必然选择。党的十八大以来，协商民主的地位不断提升。党中央对协商民主高度重视并积极部署，明确规定政府有依法引领和保障协商民主实施的权利和责任、人民群众有依法参与协商民主等政治生活的权利，并且特别强调了协商民主建设在扩大公民有序政治参与、实现人民当家作主、促进科学民主决策、化解矛盾冲突、巩固和扩大党的执政基础等方面的重要意义[②]。民主协商作为协商民主对社会治理提出的程序性要求，实际上同时包含了民主的主体性原则和协商的程序性原则：民主，就是要坚持人民当家作主、发展人民民主、密切联系群众、紧紧依靠人民，通过社会协同与公众参与，最大可能地将人民群众纳入到社会治理体系中来；协商，就是有事好商量，就是在人民内部各方面事物展开广泛商量，它是参与民主和治理民主的关键要素。习

① 习近平：《在庆祝中国人民政治协商会议成立65周年大会上的讲话》，人民出版社，2014，第20页。

② 《关于加强社会主义协商民主建设的意见》，载《人民日报》2015年2月10日，第1版。

近平总书记指出：“在中国社会主义制度下，有事好商量，众人的事情由众人商量，找到全社会意愿和要求的最大公约数，是人民民主的真谛。”“涉及全国各族人民利益的事情，要在全体人民和全社会中广泛商量；涉及一个地方人民群众利益的事情，要在这个地方的人民群众中广泛商量；涉及一部分群众利益、特定群众利益的事情，要在这部分群众中广泛商量；涉及基层群众利益的事情，要在基层群众中广泛商量。”“这样做起来，国家治理和社会治理才能具有深厚基础，也才能凝聚起强大力量。”①

其次，民主协商是党委、政府、社会与公众这四个方面的治理主体进行合作治理、落实共建共治共享原则的重要桥梁。在没有正式将民主协商作为社会治理体系的一环之前，党委领导、政府负责、社会协同、公众参与这四个要素虽然并列在一起，但四者之间似乎还是存在某种不平等的关系或者说主次关系，也存在实践的难点：在党委领导、政府负责的情况下，如何调动或者说以怎样的方式来推动社会协同、公众参与？这个问题并没有显而易见的答案，或者说在实践中可能存在某种联结方式，但这种方式并不稳定。而在民主协商正式成为社会治理体系的一个构成要素之后，党委、政府、社会组织和公众之间的多元治理共同体才有了现实的联结方式，即由民主协商为“多元主体”的生成提供了基本准则与有效途径。民主协商并没有改变党委领导、政府负责、社会协同、公众参与各多元主体的功能定位，但却实质性地改变了党委、政府、社会组织和公众之间的联结方式：民主，意味着平等；协商，意味着尊重。二者不仅是调节政府与社会关系的基本规范，也是促进政府与社会合作治理的程序要求。唯有政府必须率先树立起民主协商的意识和理念，社会力量与社会公众才有可能被纳入到治理进程中来。因此，只有民主协商才能推动社会力量、社会公众积极“入场”，投入到社会治理领域中来，使之成为现实的主体，落实共建原则；只有民主协商才能使民情、民智、民意和民力更好地贯彻到治理过程中来，落实共治原则；而只有在共建共治的基础上，共享才能有更多的主体和对象，即有更多的人享受到更多的社会治理成果。

---

① 习近平：《在庆祝中国人民政治协商会议成立65周年大会上的讲话》，人民出版社，2014，第13-14页。

最后，民主协商是建设人人有责、人人尽责、人人享有的社会治理共同体的关键纽带。社会治理共同体目标的提出，意味着社会治理不仅是一个技术化的过程，也是一个生成其内在价值的过程，即构建社会、文化乃至心理层面的认同与共识，从而打造更有凝聚力的命运共同体。当前，我国进入全面深化改革的新时期，经济、政治、文化、社会等各个方面都发生着深刻的变化，多方面、多层次的利益需求涌现出来，社会差异与社会冲突已经成为一个基本事实摆在大家眼前。以何种方式来面对差异，解决冲突与矛盾，这不仅事关社会和谐与社会团结，而且事关政治效率与政治合法性。在这种情况下，民主协商介入社会治理就具有双重意义：一是它的主体是差异化的主体，而不是同质化的主体；二是治理的目标不是寻求完全的一致或统一，而是要在差异中寻求共识和最大公约数。在这个过程中，社会公众能够适时参与到不同层级的公共事务中去，由此扩大自身视野，了解他人的立场，这样才能清楚地明白各种社会利益和权利诉求之间的矛盾冲突，从而在更宏观的角度明白自己所负的社会责任，意识到与社会其他群体进行相互合作、相互妥协的重要意义，意识到“政治共同体的每个人都是更大社会的一部分，其福利有赖于其承担属于自身的那份集体责任的意愿”[①]。因此，民主协商将公民纳入到社会治理和公共事务中来，这在结果上就包括公民的培育和政治共同体的重建。实际上，人只有在社会中、在共同体中才能认识自我、发展能力，建立自己与共同体的真实联结，促成真正有利于个人自由与社会共同体互为条件的发展，建设人人有责、人人尽责、人人享有的社会治理共同体。

第三节　治理手段：法治保障与科技支撑

要实现社会治理的目的，总要采取一定的治理手段。治理手段是服务于治理手段目的的方法或途径，是实现社会治理这一对象性活动的中介。在加快社会治理现代化的进程中，要充分发挥法治与科技这两大手段的作用。法治是规范之治，科技是先进之治，二者都是衡量社会文明进步和社会现代化程度的重要标志。习近平总书记明确强调，要完善中国特色社会

① 瓦拉德兹：《协商民主》，何莉译，《马克思主义与现实》2004 年第 3 期。

主义社会治理体系，“要更加注重联动融合、开放共治，要更加注重民主法治、科技创新，提高社会治理社会化、法治化、智能化、专业化水平”①。

一、法治保障

法治是社会治理的根本保障，是国家治理现代化的必由之路。习近平总书记指出，“治理一个国家、一个社会，关键是要立规矩、讲规矩、守规矩。”“推进国家治理体系和治理能力现代化，必须坚持依法治国，为党和国家事业发展提供根本性、全局性、长期性的制度保障。”②社会治理领域的法治保障应该从两个方面来理解：一是法治对整个治理民主的保障和规范；二是法治在社会治理过程中发挥的具体作用。

法治和民主是现代政治文明的两大制度原则。现代民主制度本身就包含着法律制度在内，但这不是说法治附属于民主，而是说民主与法治互为前提：民主是法治制约下的民主，而法治是体现民主、民权的法治。中国的民主法治建设在曲折探索中前进，党的十八届四中全会《中共中央关于全面推进依法治国若干重大问题的决定》指出：“长期以来，特别是党的十一届三中全会以来，我们党深刻总结我国社会主义法治建设的成功经验和深刻教训，提出为了保障人民民主，必须加强法治，必须使民主制度化、法律化，把依法治国确定为党领导人民治理国家的基本方略，把依法执政确定为党治国理政的基本方式，积极建设社会主义法治，取得历史性成就。”③依法治国的前提是依宪治国。现代法治首先确认的就是法律特别是宪法在社会中处于至高无上的地位，即法律至上的原则；与此同时，我国宪法也体现了人民主权原则，强调国家的一切权力属于人民，并确立各项民主制度来保证人民当家作主可以贯彻于国家和社会生活的各个领域。

法治原则与民主原则是社会治理应遵循的两项基本原则。一方面，法治保障首先就是对治理民主的总体保障和规范，即保障广大人民依照法律规定来管理国家事务、经济和文化事业、社会事务的权利。这句话有两个

① 中共中央文献研究室编《习近平关于社会主义社会建设论述摘编》，中央文献出版社，2017，第135页。

② 中共中央文献研究室编《习近平关于全面依法治国论述摘编》，人民出版社，2015，第12页。

③ 《中共中央关于全面推进依法治国若干重大问题的决定》，人民出版社，2014，第2-3页。

方面的规范性要求：第一就是政府和领导干部应该尊重社会公众依法治理的权利，“对于领导干部来说，树立法治意识，实质上是一个树立正确权力观的问题。共产党人以历史唯物主义为行动指南，始终坚持权由民所赋、权为民所用。”[①] 只有政府和官员首先树立这样的法治意识，特别是意识到民主治理权利乃是国家通过法律向人民做出的承诺，才有可能建立政府与社会组织、公众之间平等的合作治理的关系。第二是社会组织和公众应该明白治理不是无序的，更不能是非法的，而必须是合法、有序的治理，治理固然是一种民主权利，但多元治理主体的任何一方的行为都要受到法律制约，“‘法治’意味着唯有法才享有最高的政治权力和权威，任何个人和团体都不得超越其上；特别是执政者、治理者的管理行为，必须处处以法律为根据，才能够合法而有效。”[②]

另一方面，法治作为社会治理过程的一种具体规范和手段，从一开始就蕴含在社会治理的内涵之中。习近平总书记明确指出：“治理和管理一字之差，体现的是系统治理、依法治理、源头治理、综合施策”[③]，“人类社会发展的事实证明，依法治理是最可靠、最稳定的治理。”[④] 法治保障要全面贯彻到与社会治理有关的立法、司法、行政和守法这四个环节中去。一是加强社会治理领域立法，为创新社会治理提供法律支撑和依据，并确保公众社会治理参与权、治理权的实现。二是要以司法公正保障人民权益、维护社会秩序，并将法治作为社会矛盾调处的重要机制，保障群众依法解决矛盾和纠纷。三是要推进依法行政，政府应坚决贯彻“法定职责必须为，法无授权不可为”，并让社会参与到行政决策和行政监督中来。四是要加强法律服务并培育法治文化，既要向群众提供充足、普惠、优质、高效的各方面的法律服务，也要坚持法治宣传与法治实践相结合，提升全民的法治意识，使法律价值观深入人心，使民众切实养成依法行使权利、表达诉求、解决纠纷的习惯。

在社会治理过程中发挥法治保障的作用，要充分重视法治对自治与共

---

① 李君如：《没有法治意识就没有法治国家》，《人民日报》2015 年 3 月 27 日，第 7 版。

② 李德顺：《走向民主法治——当代中国政治文明的价值体系初探》，法律出版社，2011，第 211 页。

③ 习近平：《在参加十二届全国人大二次会议上海代表团审议时的讲话（2014 年 3 月 5 日）》，《人民日报》2014 年 3 月 6 日，第 1 版。

④ 习近平：《在庆祝澳门回归祖国 15 周年大会暨澳门特别行政区第四届政府就职典礼上讲话》，《人民日报》2014 年 12 月 21 日。

治的框架性约束。社会自治鼓励民间建立自治规则，但这些自治规则必须符合国家法律法规的原则，要反映以宪法为统领的法律体系的基本精神、理念和宗旨，使其引领社会自治发展和运行。社会自治绝不可任性，更不能擅立同国家法律相违背的民间司法。而在共治过程中，多元参与主体既有共同的目标，也有差异化的利益诉求。差异越大，治理关系就越复杂，多元参与主体的互动可能造成治理行为的混乱或治理效果的相互抵消。此外，民主共治还存在“民主暴政”的可能，“某些行为者的利益会在这一个强调分享的规范、价值、意义与目标中被排除并牺牲掉。由是，一个典型的治理陷阱就是，治理在强调信任、民主、互惠与合作的光环下，可能衍生权力与资源分配的滥用乃至腐败。”[①] 因此，在迈向自治与共治的过程中，法治都不能缺席，相反还要在更大的程度上形成制约性约束来规范多元治理主体的行为。

二、科技支撑

科学技术是第一生产力，也是重要的治理力。科技支撑是社会治理现代化的客观要求和必然发展趋势。在现代社会，人类要战胜大灾大疫抑或维持社会正常秩序，都越来越离不开科学发展和技术创新；科技支撑也将反过来推动社会治理方式与治理理念的革新。

现代社会是风险社会，科技支撑首先是要通过科学发展和技术创新来识别风险并提升应对各类风险的能力。首先，现代社会的各类风险越来越难以靠感性来识别，而是更加依赖知识特别是科学知识的建构，即通过科学的理论、实验和测量工具才能使风险变得“可见”或可解释，“风险只能是包含在知识中的风险”[②],“文明的风险大多难以感知，这种风险定居在物理和化学的方程式内（如食物毒素、核威胁）。”[③] 也就是说，只有科学才能揭开风险的面纱，使之成为人们感性世界的对象。其次，科学的作用不仅仅是发现事实，更重要的是解释事实背后的因果联系，从而引领和指导实践。因为只有将在时空上可能相互分离的各类要素通过因果联系结合起

① 江必新、王红霞：《社会治理的法治依赖及法治的回应》，《法制与社会发展》2014 年第 4 期。

② 乌尔里希·贝克：《风险社会：新的现代性之路》，张文杰、何博闻译，译林出版社，2018，第 56 页。

③ 同上书，第 6 页。

来，才能知晓和预估风险的源头、发展趋势和未来后果，为人们的思考和行动提供参照点，从而确定并组织合理的行动来建立正面的因果联系或阻断负面的因果联系。最后，科学不仅要解释风险，而且要思考如何预防、处置和应对风险，科学“是风险界定的媒介，也是解决方案的来源”①，科学技术自身的创新和突破就是解决风险的硬实力支撑。

新冠肺炎疫情造成了全球性的公共卫生危机，给人类带来沉重灾难，而科技支撑的作用也在其中愈发凸显出来。回顾近代历史，科学技术的发展就为人类战胜水痘、天花、鼠疫、狂犬病等提供了最有力的手段。新冠肺炎疫情暴发后，习近平总书记亲自指挥、亲自部署，强调战胜疫病离不开科技支撑，必须加快科技研发攻关。我国科技战线迅速动员，有关部门组成科研攻关组，确定临床救治和药物、疫苗研发、检测技术和产品、病毒病原学和流行病学、动物模型构建等五大主攻方向，组织跨学科、跨领域的科研团队，科研、临床、防控一线相互协同，产学研各方紧密配合，短短一个多月时间内就取得了积极进展，为疫情防控提供了有力的科技支撑②。与此同时，我们的科学家在最短时间内确认了新型冠状病毒并公布了其基因序列、潜在宿主受体和致病主要临床特征，为全世界开展病源追踪、药物研发提供了知识基础。此外，在全社会的疫情防控中，各地普遍利用人工智能、大数据等新技术开展流行病学和溯源调查，加快查病源、堵源头，提高了疫情筛查的精准度和效率。正如习近平总书记所指出的，“人类同疾病较量最有力的武器就是科学技术，人类战胜大灾大疫离不开科学发展和技术创新。”③

现代科学技术的发展本身不仅深层次地改变了人们的生活，也给维护社会正常秩序带来新的问题和机遇。一方面，一些不法分子借助网络信息技术，其违法犯罪行为更加隐蔽、更加层出不穷、更加难以控制。但另一方面，政府和其他社会主体也能利用各种技术手段，提高社会治理的科学化、智能化、信息化、专业化和精细化水平。因此，推动社会治理智能化，就要推动治理技术跟上科技进步的步伐，这是社会治理现代化与时俱

① 乌尔里希·贝克：《风险社会：新的现代性之路》，张文杰、何博闻译，译林出版社，2018，第192页。

② 本报评论员：《为打赢疫情防控阻击战提供强大科技支撑》，《人民日报》2020年3月4日，第1版。

③ 习近平：《习近平谈治国理政》第4卷，外文出版社，2022，第336页。

进乃至领先时代的客观要求。例如我国近年来大力开展了以公共安全视频监控联网应用为重点的“雪亮工程”建设，到2020年该工程基本实现“全域覆盖、全网共享、全时可用、全程可控”的目标。电子监控在社会治安防控中已经成为最佳武器，被誉为“街道之眼”或“城市守护天使”，以之为基础构建的“平安城市”与“天网系统”可以从城乡各个角落采集音频视频信息，帮助实现对刑事案件、治安案件、交通违章、城管违章的精准处理。随着信息技术的发展，电子监控与大数据、云计算、物联网等新技术相结合，将能进一步凸显其预防犯罪、精准打击的功能。上海是科技兴警的典范。据报道，上海已初步建成匹配城市体量的“公安大脑”，除超级存储和运算能力外，还研发出一大批融汇全警经验、注入人工智能的系统模型。依托先进的技术手段和成熟的破案机制，上海已连续多年实现命案全破、有重大社会影响的案件即发即破①。由此，上海虽流动人口数量巨大，但已连续多年跻身中国乃至世界最安全的城市之列。

需要注意的是，科技支撑是非常重要的治理技术手段，但既然是作为手段，它就一定要由前在的目的和价值来指导，要符合社会政治共同体的伦理道德理想与价值观诉求，甚至要回到“我们想要什么样的生活”的根本哲学追问。也就是贝克所说的：科学理性要与社会理性相协调，“没有社会理性的科学理性是空洞的，没有科学理性的社会理性是盲目的”②。所谓社会理性，简言之就是从社会、文化和政治意义或后果去考虑问题。因为科学理性有可能过于强调理论前设、调查取证、实验数据、极限数值等所谓“中立性”的科学事实，却罔顾公众对风险的认知更多地涉及风险高低、威胁大小、采取什么措施、后果如何、责任在谁等问题。例如2020年欧洲一些国家最开始提出“群体免疫”的防控新冠病毒策略，据说该策略是建立在英国天才数学家蒂莫西·高尔斯（Timothy Gowers）担纲搭建的数学计算模型之上，并得到了一些重量级科学家的认可。但这个策略在欧洲造成了极大的社会焦虑与社会恐慌，其社会达尔文主义的价值取向也被广泛批评，最终英国被迫公开否认这一策略。这个事例再次佐证了贝克的论断：“现代化风险的界定和关联不是科学内部的事务，而是全社会的事。就算在科学内部，风险也只能通过背后的动因即社会层面的议程来展

① 邬林桦：《上海安全指数连续7年高位提升》，《解放日报》2020年1月10日，第2版。

② 乌尔里希·贝克：《风险社会：新的现代性之路》，张文杰、何博闻译，译林出版社，第6页。

现自己的效力。”[①]科学论证了风险的有无或程度高低，但政治和社会可能会有不同的看法。最终某种风险成为共识并得到共治，一定是社会各方通力协作的结果，“风险的确立要求通力协作，这就需要跨过学科、市民团体、企业、行政和政治的鸿沟”[②]。

信息化、新媒体、大数据等不仅是治理的技术要素，而且将推动现实社会空间的治理方式与治理理念的革新。首先，大数据有利于打破地方主义和部门主义等旧思维方式，贯彻落实整体性思维，加快建设全国一体化政务服务平台，将从前分割、隔离的各类事务，包括行政审批、人口管理、公共服务、信息发布、医疗卫生等都纳入一个网上“综合服务大厅”，帮助人民群众实行“一站式”办理。其次，新技术也有助于进一步建设服务型政府，使人民群众跟政府打交道变得更加容易、便利、透明。无论是官方微博、微信公众号发布各类消息，还是从网上办理各类凭证或提取公积金等，都大大节省了群众的时间和精力，也有助于各项社会事务更加流畅地运转。新技术也为社会组织和公众广泛参与社会治理提供了更加丰富的载体和平台。2016年以来，县域农村开始推广名为“雪亮工程”的视频监控系统，它已成为县域农村广大群众参与群防群治、实现警民结合的利器。此外，“微博问政”“微信问政”等成为人民群众参与社会治理的新形式，有助于民意民情更加及时、准确地反馈到决策端，开辟了公民行使民主治理权与监督权的新渠道。

---

① 乌尔里希·贝克：《风险社会：新的现代性之路》，张文杰、何博闻译，译林出版社，第200页。

② 同上书，第19页。

第五章　社会治理现代化的层级结构

社会治理现代化是国家治理现代化的组成部分，就国家与社会关系来说，社会治理与国家治理相对分离、划界而治。国家治理的主体是政治国家这一最高公共权力机关，它致力于提供全国性的公共产品（包括物质、精神和制度各方面公共产品）和承担跨区域协调治理的职能；而社会治理则是狭义社会领域的具体社会事务的治理。从纵向来看，社会治理包括国家层面对社会治理体制机制的创制，但社会治理的实际主体是地方治理[①]，继而必须落实到城乡基层治理，由此构成从中央到地方再到基层的三级结构。在这三级结构中，中央的主要职能是顶层设计，地方的主要职能是承上启下、贯彻落实中央重大战略部署，只有城乡基层社会是真正直接面向社会具体事务的治理的。因此，城市治理和乡村治理都是国家治理体系和治理能力现代化的重要内容。社会治理的重心必须落到城乡地方上，继而落到城乡基层社区，才能夯实国家治理与社会治理的根基。党的十九大以来，推动社会治理重心向基层下移的思路愈加明晰。基层已经成为创新社会治理、贯彻落实共建共治共享原则的第一线。

第一节　加快城市治理现代化

城市的出现是人类走向文明社会的标志，而现代城市则是工业文明的结晶。城市的发展水平集中展现一个国家的发展程度。城市作为现代国家的地域构成单元，作为区域性的政治、经济、文化中心，是贯彻落实国家治理目标的中坚载体，也是满足人民日益增长的美好生活需要的社会空间载体。城市的治理能力直接体现国家治理体系与治理能力的现代化程度。因此，城市治理现代化具有重大战略地位和意义。

---

① 所谓地方治理，主要是指以省、市两级政府为主体的治理。

一、城市是社会治理现代化的前台

城市化是现代化的必由之路，也是中国由贫穷落后走向繁荣富强的必由之路。中国的城市化历程以1978年为界，表现出不同的城市发展状况与城市管理思路。这种思路的转变为城市管理和治理提供的启示是：城市化虽然建立在工业化基础上，但工业化只是一个单纯的经济指标，而城市化则是包含经济结构、社会关系、生活方式和精神文化的总体变革，是一种系统性的现代化。城市治理处于转型社会、风险社会和高科技社会的前沿地带，必然需要系统性的治理变革。

在改革开放以前，我国处在社会主义计划经济体制下，由国家或政府权力来控制和管理城市及城市化。为了在生产力极端落后和国民经济极端薄弱的情况下推进工业化，政府不得不采取从农村与农业部门进行积累的特殊政策，同时有意地限制城市化（即农业人口向城市集中并向非农人口转化）。1958年，国家建立了极为严格的户籍管理制度体系，从体制、政策到各项管理制度等方面限制农村人口流入城市。国家还严格控制城市本身的发展，通过知识青年上山下乡、市民返乡、干部下放基层等政治手段实行“反城市化”战略，大规模地将城市人口迁往农村。结果，我们的工业化取得了显著成效，但城市化速率非常缓慢，从1950年的11.2%到1980年的19.4%仅增长了8.2%，违背了现代城市化随工业化发展的一般规律。这固然有生产力方面的客观限制，但最直接的原因还是在国家与社会的关系上，我们沿袭了国家全面控制社会的传统做法，通过“大一统”的国家和计划经济体制来严格控制城市，致使城市里“直接从生产和交往中发展起来的社会组织”① 非常弱小，最终阻碍了城市乃至整个国民经济的发展。

改革开放以后，中国开始了快速的城市化进程，但城市治理体系和治理能力的现代化进程则相对滞后。其中一个很重要的原因是，我国的城市化是由政府与市场共同驱动的，政府始终在城市的经济活动中扮演着重要的角色，这就使城市发展具有高度的政治惯性和政治依赖性。政治惯性造成政府习惯于其主导地位和主导作用，很难从市场中抽身出来；而政治依

---

① 中共中央马克思恩格斯列宁斯大林著作编译局编《马克思恩格斯选集》第1卷，人民出版社，1995，第131页。

赖性则造成城市的社会力量、社会组织发展相对薄弱，很难形成有效的自治主体。因此，政府主导型的城市管理模式便与政府驱动型的城市经济发展模式相伴相随，政府的工作重心是促进经济发展，而经济发展的成功则反过来强化了政府主导的合法性。结果便是政府进行社会治理变革的动力不足。城市的经济体制改革自 20 世纪 80 年代开始，进一步激发了市场与企业主体的活力，促进了国民经济的高速发展。但城市管理模式的改革则相对滞后：在城市内部实行单位制，由单位来实行人口管理、资源分配并提供绝大多数的社会基本公共服务；在城乡之间继续户籍管理制度，限制农村人口向城市的自由流动和迁徙。虽然单位制随着国有企业的改革和市场经济的进一步发展而逐步衰落，但户籍制度的改革却因关系城市之间与城乡之间的利益格局而始终难有突破。

中国城市治理模式变革滞后的另一个客观原因，是因为中国的城市化规模太大、速度太快并且发展又具有非均衡性，这使中国的城市治理既要遵循城市化发展的一般规律，但也面临中国的特殊问题。改革开放以来，中国的城市化率从 1978 年的 17.92% 上升至 2011 年的 51.27%，仅用 30 年多一点的时间就完成了西方先发国家近百年才能完成的任务。2019 年，我国城镇化率达到 60.60%，按照国际标准已经基本实现城镇化，进入了城市社会时代。与世界上其他国家的城市化一样，我国的城市化也表现出以下趋势：一是城市人口规模持续增加；二是城市带、城市群的形成；三是“城市病”的加剧。“城市病”是指在城市快速发展过程中出现的环境污染、生态破坏、交通拥挤、住宅紧张、失业、贫困、犯罪等问题。正是这些问题推动了各国开始重视对城市的治理。中国也概莫能外。但中国还存在一些特殊的“城市病”：在宏观上，是超大规模的社会大流动、城乡与地域间的不平衡发展、社会关系和利益结构日趋复杂等因素的叠加；在微观上，是城市土地财政居高不下、工业化盲目圈地、形象工程浪费城市财富、农民工的“半城市化”等问题。这使中国的城市治理在顶层设计与地方执行上都面临极为复杂的状况。

进入 21 世纪后，国家一方面就区域平衡发展陆续推出了西部大开发、振兴东北老工业基地和中部崛起等战略，另一方面则对地方政府治理提出了经济与社会平衡发展、保增长与保民生并重的施政目标，这实际上就是对城市治理现代化的重要探索和推进。从宏观上看，城市之间存在地区、层级、体量和发展水平等各方面的差异，但是它们又相互联系、相互影响，共同构成城市系统并推动整个国民经济社会的发展。国家在战略上长期坚持大中小城市和小城镇协调发展的方向。2020 年 4 月，国家发展改革委发布的《2020 年新型城镇化建设和城乡融合发展重点任务》，也是从系统着眼，强调重点城市群、都市圈、中心城市、县城、特色小镇和边境城镇等都是动力系统不同层级的功能节点，让每个节点都能按照其优势发挥最大效能，是动力系统的内在要求，也是增强我国城市国际竞争力的客观要求。

在微观上，城市不仅是经济发动机，也是生活聚集体。人类奔向城市，是因为城市能够提供更好的教育、医疗、交通、就业等方面的公共服务，有更好的机会和个人发展前景。就此而言，城市是一个价值综合体，它关系着人类的社会理想，关系着人类对“何为美好生活”的终极追问，承载并不断实现着人类对富足、安全、幸福、自由、平等、公正等价值的追求。但城市本身是有发展程度与承载力限制的。城市承载力受自然和社会两个方面的制约，既要考虑城市资源、环境和生态方面的承载力，也要考虑城市基础设施、经济资源和社会资源方面的承载力。城市治理要解决的主要矛盾，就是人对城市的需求不断增长与城市承载力有限性之间的矛盾。而城市治理首先考验的，就是要让城市发展在适应资源环境承载能力与经济社会发展阶段的条件下，正确处理好城市发展之数量与质量、规模与速度的矛盾关系。在这个命题之下，城市治理的重点任务，就包括如何合理进行资源配置、妥善协调社会关系、积极发展公共事业、有力保障公共秩序等方面。因此，城市可以说是社会治理现代化的前台，城市展现着如何利用人类文明自身的成果、在有限的条件下实现美好生活的可能性。这种可能性正是由城市所拥有的政治资源、社会资源、文化资源和科学技术资源所保障，并首先在城市这个“试炼场”中得到验证的。

二、提升城市特别是超大城市的治理能力

城市在社会学意义上是非农产业与非农人口不断聚集形成的生产与生活的空间载体。因此，城市普遍具有人口规模大、密度高、流动性强的特点，这就对城市的公共管理与公共服务造成压力。而在城市发展和治理的

系统中，大城市、超大城市与城市群的治理是重中之重。从世界范围来看，城市的发展与城市化进程表现出两个基本趋势：一是城市人口规模持续增加，越来越多的特大城市、超大城市正在诞生。据2019年数据，中国已有16座城市人口破千万。未来，人口还将继续向大城市、超大城市聚集。二是城市带、城市群的形成。欧美发达国家和日本等都有世界闻名的城市群，是国家和地区国际竞争力的象征。中国的长三角、珠三角、京津冀等地区也已形成了大规模的城市带。未来国家还将继续推动建立以中心城市引领城市群发展、城市群带动区域发展的新模式。因此，大城市特别是超大城市的治理，最为考验国家治理体系与治理能力的现代化水平。

城市治理大体上可以划分为两个相辅相成的方面：一是城市建设，二是风险治理。前者侧重于城市积极发展公共事业、提供优良公共服务，让人民有更多获得感；后者侧重于防范和化解城市风险，让人民有更多安全感。就城市建设来说，城市就是要"让生活更美好"。城市的"美好生活指数"由物质生活水平、公共服务水平、家居环境和城市环境、公共场所和社会公共交往状况、休闲娱乐机会、科技发展成果和市民心理状态等各方面因素构成。美好城市的发展趋势，就是从政府管理本位走向公共服务本位，改变过去政府"打造城市""经营城市"的政绩型思路，真正做到以人民为中心，满足人民日益增长的美好生活需要。习近平总书记指出："无论是城市规划还是城市建设，无论是新城区建设还是老城区改造，都要坚持以人民为中心，聚焦人民群众的需求，合理安排生产、生活、生态空间，走内涵式、集约型、绿色化的高质量发展路子，努力创造宜业、宜居、宜乐、宜游的良好环境，让人民有更多获得感，为人民创造更加幸福的美好生活。"[①] 这一论述深刻地阐明了我国城市建设的主旨和方向。

城市的风险治理则主要是在庞大的人口规模、高密度的人口居住和快速的人口流动的情况下，迎战两个方面的压力：一是常态化的压力，即影响城市可持续发展、并直接关系巨量人口生活质量与水平的各种因素，如电、气、水供应，医院、学校、幼儿园、公交系统、垃圾处理等公共服务与基础设施建设等潜在的隐患；二是突发性危机，即对城市安全和市民生活造成严重威胁的突发性事件，如气候灾害、自然灾害、严重空气污染、重大公共安全事故、传染性疾病等。针对城市如何提升这两个方面的风险

① 谢坚钢、李琪：《以人民为中心推进城市建设》，《人民日报》2020年6月16日，第9版。

治理能力，学界提出了“城市韧性”的概念，指的是城市在各种常态化的压力和突发性危机的冲击下生存、恢复、适应和不断发展的能力。有学者认为“城市韧性”更侧重于危机治理，“所谓城市韧性，是指面对突发社会危机时，城市作出迅速响应、较快适应、动态反馈并维持发展的能力。”① 城市韧性是风险社会语境下城市治理能力的形象表达，代表了城市系统面对未来不可预测、不确定的冲击时的应对能力，它是城市系统保障人们生活安全、便利和幸福的屏障。

无论是城市建设还是城市风险治理，都要首先将城市视作一个复杂系统，不断提高城市治理科学化、精细化、智能化水平。城市是一个复杂系统，超大城市更是如此，它们是由多个部分相互作用、多种因素相互影响而组成的具有复合功能的有机整体。科学化就是要求首先认识、尊重、顺应城市发展规律，包括城市发展的动力机制，城市发展的阶段性特征，城市发展与自然环境、历史文化的关系等。城市发展具有一般规律，但每个城市又有其自身的特征，这就要求每个城市都要依据自身条件、资源和特色来确立城市发展目标、实施城市规划设计，由此才能形成千姿百态、各具魅力的个性城市。精细化是在科学认识城市系统的基础上形成的覆盖全员、全过程、全方位、全要素的管理状态。精细化管理首先要求政府要对城市软、硬性要素的总体状况、结构属性、空间分布及其动态变化做到充分掌握，及时了解市民的需求及其困境，科学、有效地配置公共资源。对此，2017 年全国两会上，在上海代表团参加审议时，习近平总书记形象地比喻，“城市管理应该像绣花一样精细”。精细化是彻底的民生本位的，习近平总书记指出：“推进服务供给精细化，找准服务群众的切入点和着力点，对接群众需求实施服务供给侧改革，办好一件件民生实事。”② “民生稳，人心就稳，社会就稳。”③ 城市管理水平正是在居民生产生活的细处、微小处“窥一斑而知全豹”。

城市的系统化、科学化、精细化治理在智能化的支撑下成为可能。借助于大数据、云计算，城市的“智慧大脑”可以在一个端口上实现城市治

① 李国平、杨艺：《面对灾难，城市如何保持韧性——国际大都市为韧性城市发展规划铺路》，《光明日报》2020 年 4 月 9 日，第 14 版。

② 谢坚钢、李琪：《以人民为中心推进城市建设》，《人民日报》2020 年 6 月 16 日，第 9 版。

③ 中共中央党史和文献研究院编《习近平关于统筹疫情防控和经济社会发展重要论述选编》，中央文献出版社，2020，第 116 页。

理要素、对象、过程、结果等各类信息的全息全景呈现，做到实时监测、实时反馈、实时处理，以更加高效、及时和更具针对性的公共服务能力和应急管理能力来保障民生和城市的正常健康运行。上海在探索超大城市精细化管理的道路上已经树立起标杆。以上海“城市大脑”所包含的城运系统为例，这个系统在智慧公安建设成果和大数据、云计算、物联网、人工智能等先进技术支撑下，汇聚了100多个数据项，包括1495万个城市部件、2.68万千米地下管线、1.4万多个住宅小区、3000多处历史保护建筑和实时的城管执法车辆、网格巡逻人员数据。通过地图汇聚的方式，在市、区、街镇三级平台上实现了可视化、便捷化、标准化的共享和交互，在一个端口上实现城市治理要素、对象、过程、结果等各类信息的全息全景呈现。与此同时，这个系统也促进了政府各部门协同合作的“一网统管”，通过资源聚合、力量融合、信息汇合，接入了公共安全、绿化市容、住建、交通、应急、生态环境、卫生健康等领域22家单位33个专题应用，为跨部门、跨系统的联勤联动增效赋能，初步实现“一网管全城”[①]。

2020年3月10日，习近平总书记赴武汉市考察疫情防控工作时指出：“要着力完善城市治理体系和城乡基层治理体系，树立‘全周期管理’意识，努力探索超大城市现代化治理新路子。”[②]“全周期管理”实际上就是包含系统化、科学化、精细化和智能化原则在内的一个更具综合性的概念。不管城市的常态化治理，还是突发事件的应急处置，都要从全员、全过程、全方位、全要素的角度来形成系统、协调、完备的治理体系，确保城市治理过程中信息畅通、预警及时、反应迅速、指挥得当、措施科学、执行到位、保障有力、人民满意。3月31日下午，习近平总书记来到杭州城市大脑运营指挥中心考察杭州运用城市大脑推进城市治理体系和治理能力现代化时指出，城市“该管起来就能够迅速地管起来，该放开又能够有序地放开，收放自如，进退裕如，这是一种能力”[③]，这种能力正是在智能化支撑下进行“全周期管理”所获得并展现出来的。习近平总书记还进一步强调：“运用大数据、云计算、区块链、人工智能等前沿技术推动城市

---

① 任鹏：《上海探索超大城市精细化管理新途径》，《光明日报》2020年4月16日，第11版。

② 习近平：《毫不放松抓紧抓实抓细各项防控工作 坚决打赢湖北保卫战武汉保卫战》，《人民日报》，2020年3月11日，第1版。

③ 习近平：《收放自如 这是国家治理水平的表现》，央视新闻客户端，2020年4月1日。

管理手段、管理模式、管理理念创新，从数字化到智能化再到智慧化，让城市更聪明一些、更智慧一些，是推动城市治理体系和治理能力现代化的必由之路，前景广阔。”①

三、形成市域治理现代化的新视野

“市域社会治理”这个概念最早是由中央政法委秘书长陈一新在2018年6月4日延安干部学院“新任地市级党委政法委书记培训示范班”开班式上提出的，其后他又撰文对市域社会治理的重大意义和市域社会治理的“三个现代化”进行了详细阐述②。2019年，党的十九届四中全会《决定》在“构建基层社会治理新格局”的战略目标之下，确立了“加快推进市域社会治理现代化”的具体目标。市域社会治理是国家治理和地方治理、基层治理之间的枢纽，对加快城乡治理一体化、推进基层治理现代化也具有重要意义。

关于什么是市域和市域社会治理，学界曾有争议，即市域治理到底是以城市市区为重点的城市治理，还是包含城市所辖农村在内的社会治理？从陈一新最初的界定来看，市域治理是覆盖农村、包容城乡的，指的是在市级层面调动治理资源并在市域范围内统筹谋划和实施的社会治理。近来，学界与官方对市域治理的对象逐渐达成共识，认为从空间范围来看，市域社会治理是国家治理在设区的城市区域范围内的具体实施。由于设区的城市区域范围既包括城市行政区域的城市社区，又包括城市所辖区行政区域的城镇社区和农村社区，因此，市域社会治理是城市社会治理与农村社会治理的融合体③。区别于狭义的城市治理市域社会治理具有鲜明的枢纽性，它既是国家社会治理大政方针的执行者和落实者，又是基层社会治理的指导者和推动者，就此而言，市域社会治理属于基层社会治理的范围④。抓住“市域”这个核心，就起到“一子落而满盘活”的效果。

---

① 《统筹推进疫情防控和经济社会发展工作 奋力实现今年经济社会发展目标任务》，《人民日报》，2020年4月2日，第1版。

② 陈一新：《新时代市域社会治理理念体系能力现代化》，《社会治理》2018年第8期。

③ 陈慧娟：《市域社会治理现代化试点启动 所有地市机会均等》，光明日报客户端，2019年12月4日。

④ 陈成文：《市域社会治理现代化的理论蕴含与实践路向》，《光明日报》2019年11月22日，第6版。

市域治理被视作激活社会治理的关键环节，是因为市域在行政层级、组织体系、区域结构等各方面都具有明显优势，有助于促进将治理制度转化为治理效能。首先，市域处在省域和县域的中间地带，具有承上启下的枢纽作用，既能够很好地承接国家治理的战略意图和省级的战略谋划，又能面向城乡基层发挥更直接的指导作用，“与县域相比，市域治理对象更多样、治理问题更典型、治理体系更完备，可以加强市域层面顶层设计、进行宏观指导；与省域相比，市域直面基层一线，直面社会治理各类问题，需要拿出微观层面的操作方案和具体解决办法。”[①] 其次，在行政与组织体系上，市域具有较完备的行政、司法权限，也具有相对独立的立法权[②]，这就加强了市域治理兼顾顶层设计和地方治理的能力，使之能够更加灵活地探索政策空间并处理地方事务。与此同时，市域也具备更加雄厚的物质基础，能够动用更多资源手段来统筹基层社会治理。在组织体系上，市域既可通过加强市以下县乡村三级综合治理中心的建设来提高社会治理实战能力，又可有条件地打破市县乡村的层级界限来提高行政效率、协调区域治理。在这个意义上，市域治理是充分发挥中央和地方两个积极性体制机制的中介环节，也是加强市域之内一体化建设、克服县（乡）域碎片化的关键。第三，市域是横跨城乡的地理空间单位，能够发挥以城带乡的引擎作用。市域治理过程中面对的许多问题往往都具有跨界性、关联性与复杂性，如城乡建设、区域规划、环境保护、生态治理、公共服务等，特别是推进基本公共服务均等化、城乡义务教育一体化等，都需要在市域层面来统筹谋划、综合施策、执行落实，使更多资源向农村延伸、拓展甚至是有条件地倾斜。

在抗击新冠肺炎疫情的战斗中，各地市在中央统一部署下，真正发挥了基层战“疫”前线指挥部的作用，展现了市域治理的硬核实力与显著优势。在疫情信息发布与防控中，市域是工作部署的重心。按照中央对不同地区、不同市域采取分级分类管控的总体方案，各地市纷纷出台了更具灵活性、针对性与实效性的防控措施，并通过党的领导体制和政府治理体系

---

① 陈慧娟：《市域社会治理现代化试点启动 所有地市机会均等》，光明日报客户端，2019 年 12 月 4 日。

② 2015 年 3 月 15 日，十二届全国人大三次会议对立法法作出修改，规定所有设区的市均具有立法权。

将这些防控措施迅速贯彻至城乡基层，在打破市县乡村的层级界限的同时又充分调动了县乡村三级治理层级的主动性与积极性。由此，在市域的指挥调动下，各地既做到了疫情防控全国一盘棋，又实现了精准防控、精准施策；既做到了有效控制各地疫情、维护社会秩序与稳定，又做到了有序安排复工复产，使疫情给社会民生带来的冲击降至最低。在这个过程中，市域治理依靠数字化、智能化等技术应用，创造了数字防疫系统，使疫情防控与复工复产更加精准、科学、有序。随着实践的深入，“健康码”的地方差异和地方壁垒等问题，也很快倒逼国家标准的出台，使各地做到对“健康码”关联数据的对接、互认和共享。既为人们的跨地区流动提供了便利，也为国家动态地把握防疫数据、为公民个体及时了解自身健康信息提供了条件。疫情防控的实践证明，市域对整个社会的风险治理具有独特优势，市域在疫情发生的早期预警与中期管控中都起着主体与主导的作用，而市域对基层治理的指导与推动也是将风险隐患化解在城乡基层的关键。因此，市域治理是对狭义城市治理的超越，是联结中央与地方、涵括城区与村镇的治理层级。市域治理做得如何，事关人民安居乐业、事关社会安定有序、事关国家长治久安。

第二节　推进乡村治理体系和治理能力现代化

自新中国成立以来，农村、农业与农民状况就是中国社会经济发展的“基本盘”。新型城镇化的推进，虽使农村地域和农民数量持续减少，但我国仍将有相当比重的人口居住和生活在乡村，乡村社会的繁荣稳定事关现代化建设事业的全局。为此，党的十九大提出了乡村振兴的战略任务，而乡村治理现代化则是乡村振兴的重要组成部分。乡村治理现代化不仅关系到国家治理现代化目标的实现，也是夯实乡村振兴根基、满足农民群众美好生活需要的必然要求。要实现乡村的产业兴旺、生态宜居、乡风文明、治理有效和生活富裕，必须加快推进乡村治理体系和治理能力现代化。

一、乡村治理体制变迁的基本线索

新中国成立至今，乡村治理体制和治理观念几经变革，其本身就是国家治理体系与治理能力变革的产物。从新中国成立之初在土地改革与合作化运动基础上发展起来的人民公社制度，到改革开放之后逐渐形成的“乡政村治”模式，再到21世纪以来的农村税费改革与社会主义新农村建设。乡村治理逐渐由“国家本位”走向“乡村本位”，“政务主导”走向“村务主导”，国家在一定程度上退出，而乡村自身逐渐成为治理主体与治理中心。

20世纪50年代至改革开放以前，国家权力全面延伸和渗透至农村基层政权，这既为新中国建立了更加稳固的政治社会基础，也为乡村社会秩序的重建提供了重要的组织保障。人民公社所实行的政社合一体制与“一大二公”思想，将农民从身体上到精神上都全部整合进人民公社这个无所不包的组织体系之中。这就在实际上将马克思所说的“马铃薯式”的分散的、隔离的小农真正地组织起来，并在小农与国家之间建立了直接的联系，从根本上克服了传统国家“天高皇帝远”的地方统治能力不足的弊病。人民公社实际上将乡村基层组织国家化、政治化乃至军事化，这极大地提高了国家权力的组织和动员能力，使国家意志能够迅速贯彻到基层并为基层所执行，这为当时处于恶劣条件下的新中国自力更生进行建设创造了必要条件。但是工农业产品价格剪刀差幅度过大、时间过长，加剧了城乡经济社会的分化。一方面，乡村服务于国家发展战略需要，把自身创造的价值向工业生产过多转移，支撑工业化和现代化起步所必需的原始积累，导致农业丧失了自我积累能力。另一方面，国家实行财政投入的城市本位政策，使农村公共物品的供给主要靠基层政府及农民自己解决，这必然造成农村生产、生活的全面萎缩。结果就是城乡发展失衡，农村基础薄弱，农民生产积极性低，生活也普遍陷入困难境地。

改革开放以后，随着农村家庭联产承包责任制的确立，人民公社便黯然退出历史舞台，乡村社会发展获得了一定的体制性空间。人民公社对农民人身和行为自由的控制，只能在高度集中的集体经济与计划经济体制下才能实现。而家庭联产承包责任制则使农民日益挣脱原有的组织与体制束缚，农民及其家庭的自主性、独立性和创造性逐渐增强，非农经济也开始“放开搞活”。特别引人注目的是，20世纪八九十年代在农村崛起的乡镇企业及其所推动的乡村“就地城镇化”，成为当时中国经济社会活力的典型代表，也为整个国家的城市化进程奠定了基础。但是，乡村的快速发展并没有改变国家在乡村的权力运作逻辑，那就是以县、乡镇（办事处）两级农村基层政权组织为载体，以赋税关系为核心，通过权力更好地控制农村社会，以便获取更多的资源。赋税是国家与乡村、国家政权与农民大众发生直接关系的纽带。无论是财政包干体制还是分税制，都没有改变农民的利益从属并服从于政府权力的基本事实。农村与农民在盘根错节的赋税体制下不堪重负，再加上城乡二元结构和城乡差距的扩大，农村社会冲突和矛盾不断加剧，农村的发展难题与农村的治理危机日益突显。

自20世纪末21世纪初，乡镇机构改革加速推进、农村税费改革和社会主义新农村建设掀开了我国乡村治理的新篇章，国家和政府政务退居其次，乡村村务上升为主体。国家全面推进农村综合改革，并通过大规模的撤乡并镇来推进乡镇机构改革，以巩固农村税费改革成果。2006年，农业税被彻底废除，中国农民向国家交了两千多年税的历史一去不复返了。农业税的废除，意味着此前用赋税来联结国家政权和农民大众的方式不复存在，国家政权和农民大众必须建立新的联系；意味着乡镇两级政府此前收税、集资的职能不复存在；更意味着此前国家通过控制农村来获得资源的统治思路不复存在。因此，乡镇体制机构改革便是必然的，在乡镇机构精简、政府职能转变的同时，乡村治理已被置入新的内核，那就是由“统治和汲取”走向“建设和服务”。而随着农村税费改革到农业税被废除，社会主义新农村建设的提出也就水到渠成。在城市支持农村、工业反哺农业的基本思路下，各项反哺三农政策、惠农政策纷纷出台，农村的基础设施建设与公共服务获得了巨大改善。在这种情况下，有学者直接将乡村治理界定为“乡村治理是指以乡村政府为基础的国家机构和乡村其他权威机构给乡村社会提供公共品的活动”①，在一定程度上切中了新世纪以来乡村治理变革的核心要义。

党的十八大以来，党中央明确提出了治理体系和治理能力现代化的发展目标，而地方和基层政府也开始着力推动城乡治理体系和治理能力现代化的具体实践。围绕“三农”事业的发展，党的十九大报告正式提出乡村振兴战略，要求加快推进农业农村现代化，加强农村基层基础工作，健全自治、法治、德治相结合的乡村治理体系。乡村振兴，治理有效是基础。及至党的十九届四中全会，党中央提出坚持和完善共建共治共享的社会治

① 党国英：《我国乡村治理改革回顾与展望》，《社会科学战线》2008年第12期。

理制度，其具体内容包括构建城乡基层社会治理新格局。由此，乡村治理的基本目标、体系结构、主要方式、重要原则都变得更加清晰明确：其基本目标是为乡村振兴夯实基础，确保乡村社会充满活力、和谐有序；其体系结构是坚持党委领导、政府负责、民主协商、社会协同、公众参与、法治保障、科技支撑相统一；其主要方式就是坚持自治、法治、德治相结合；其重要原则是坚持共建、共治、共享。因此，乡村作为治理的中心场域，生活其中的农民固然是治理主体，但乡村治理实际上也溢出“农民自身事务”或“村庄自身事务”的边界，要求社会力量、社会组织也要参与进来发挥作用，从而获得更多治理资源和治理动能。

需要指出的是，乡村治理体制变迁主要从国家制度和国家的治理逻辑来观察，但中国乡村治理变迁既离不开国家“自上而下”的主导，也离不开农民“自下而上”的权利需要。改革开放以来，市场经济的快速发展不仅改变了农村的经济结构，也改变了农村的社会结构。农村社会在经历经济普遍发展和生活水平普遍提高的同时，也逐渐形成新的利益主体和阶层结构，同质化的熟人社会逐渐解体。这就为农村在基层政权体系之下探索其治理模式提供了客观前提。20 世纪 80 年代以来，既有农村开始采取投票、选举、竞选的方式来形成村委领导，也有农村通过村委会来组织集体经济、兴办公益事业、制定村规民约等来对村内各项事务实行有效治理。村委会作为群众性自治组织的法律地位，也在 1982 年第五届全国人大第五次会议通过的新宪法中得到明确规定。乡村社会自身对民主政治的探索，是农民大众满足其利益和权利需要的产物，也是地方社会在市场经济竞争与发展的大潮中渴望寻求能人治理、获得更多治理资源并最终实现乡村善治的结果。

二、乡村治理现代化的背景与条件

如果说乡土中国是传统中国的底色，那么城市化中国则是当代中国的主色调。乡村治理现代化中的乡村，决不是孤立的、封闭的传统乡村，而是处于市场经济浪潮与城市化进程中的转型乡村。乡村治理现代化的问题必须结合乡村所处的这一大背景来理解。在一定程度上，乡村治理现代化就是乡村如何更好地面对和利用现代化和城市化进程所造成的压力与其所创造的条件，使乡村通过有效治理而不断提升其现代化水平，从而改变几亿中国农民乃至整个中国的现代化命运。

在现代化和城市化进程中，农村既构成这个进程的内部要素，也承受着这个进程带来的巨大压力，因此，农村发展变革和农村落后衰败就像“二重奏”一样，贯穿于改革开放40多年的全过程。一方面，改革开放后农村体制改革先行一步，农业发展与剩余农业人口的出现刺激了乡镇企业的产生，而乡镇企业本质上就是农民自发探索出来的工业化和市场化路子，并催生了“离土不离乡”的农民非农化和“就地城镇化”路径，构成中国城市化进程的一支特殊力量。对此邓小平高度评价道：“农村改革中，我们完全没有预料到的最大收获，就是乡镇企业发展起来了，突然冒出搞多种行业，搞商品经济，搞各种小型企业，异军突起。这不是我们中央的功绩。”[①] 而后来，随着城市体制改革提步加速，一些大城市和重点城市加速发展。大城市造成的产业分工、城区扩展和产业转移等，都直接辐射和扩散至城郊和农村地区，从而驱动了这些地区的城镇化。因此，中国农村城镇化发展较好和农村经济社会水平较高的地区，如长江三角洲和珠江三角洲地区等，也是大城市或城市带集中的区域。这是农村发展与城市化进程正相关的方面。

但是另一方面，城市化进程也极大地冲击了乡村社会，城乡差距和城乡矛盾的不断加剧，使乡村更深地陷入发展危机和治理危机。在市场经济条件下，资本、工业和劳动力向城市集中是个客观规律，因为大城市具有小城镇和农村所无法比拟的聚集和规模效应，城乡在发展上的差距也很难避免。但中国的城乡矛盾却另有来源。如前所述，大城市对周边农村有辐射和扩散的正效应，但这种效应本身是不均衡、不确定的，也非短期就能见效的。而中国的大城市发展则采取了另一条主动扩展的道路，那就是不断圈地扩大中心市区规模、建设工业园或经济开发区，像“摊大饼”一样使城市膨胀开来。这就出现了中国所特有的“土地城市化”快于“人口城市化”的现象，即城市化主要表现为土地的扩张，而不是人口密度的增加。城市化则演变为仅仅是城市空间和土地不断包围和侵吞农村的过程，其中就包括非法的对城郊和农村土地及其相关利益的剥夺。这样一来，城乡矛盾就围绕土地问题变得尖锐起来。强拆、强占、城中村、被城市化、

① 邓小平：《邓小平文选》第3卷，人民出版社，1994，第238页。

“三无人口”[①] 等词汇，都在不同角度揭示了农村和农民所陷入的艰难境地。此外，城市的“虹吸效应”也不断汲取农村的人力和社会资源。农民工大量进城所形成的“空心村”“农村留守人口”等问题，都构成乡村治理危机的来源。

因此，乡村治理现代化就要在城市化进程的大背景下处理两大主题：一是积极意义上的农村持续发展问题；二是消极意义上的农村落后衰败问题。而这两个问题置于现实语境下，实际上就是中国乡村地区的发展不均衡问题。这种发展不均衡是由历史、区位、市场、资源、政策和制度安排等各方面综合因素所导致的，它使不同农村在治理危机的程度和治理资源的多寡上都存在很大差别。自然或历史方面的因素难以为人所改变，但市场、资源、政策和制度安排方面的因素则是可控、可变的。因此，乡村治理现代化必须综合施策，广泛调动各方力量，例如发挥市场驱动要素流动的作用，有条件地将资源和政策向乡村地区倾斜，破除城乡分割的体制藩篱等。而要调动这些力量，就必须超越孤立的乡村视野，将乡村治理置于城市化进程、置于城乡社会治理一体化的目标下来理解。事实上，党的十九大报告围绕乡村振兴的主题首次提出了“建立健全城乡融合发展体制机制和政策体系”，就是针对此前城乡二元分割和城乡发展不平衡的客观矛盾而做出的战略部署。

三、乡村治理现代化的重点问题

乡村治理作为社会治理的组成部分，首先要落实贯彻“坚持和完善共建共治共享的社会治理制度”的总要求，坚持党委领导、政府负责、民主协商、社会协同、公众参与、法治保障、科技支撑相统一的体系结构，坚持自治、法治、德治相结合的治理方式。但乡村治理本身是一项复杂的系统工程，所关涉的问题千头万绪。在这里，我们主要从“治理什么”亦即治理的对象和内容着手，围绕乡村振兴战略所提出的产业兴旺、生态宜居、乡风文明、治理有效和生活富裕的五个维度或者说五个领域的要求，择其重点来说明乡村治理现代化要完成的任务。

一是农业现代化与土地治理问题。农业现代化是国家现代化的基本内

① “三无人口”指的是那些原来从事农业生产的农民，由于土地被工业开发区或被城市建房所征用，变成了“种地无田、就业无门、低保无份”的人口。

容，是乡村现代化的根本动力，也是乡村治理现代化的物质基础。农业现代化的技术趋势是机械化、智能化，其组织趋势则是市场化、商业化。这两个趋势在现实上都要求农村、农业更紧密地同城市和资本要素结合起来，才能更好地发挥城市工业、技术、人才乃至社会服务对农业现代化所提供的各方面支撑，也才能为农业现代化的产品提供更广阔的市场并反过来驱动农业现代化的升级、发展，最终促进现代农业产业体系、生产体系和经营体系的构建。土地治理是乡村治理的核心，也是乡村秩序和乡村可持续发展的基石。农村土地制度改革是这些年来理论和实践论争的焦点。农村土地不仅涉及谁来经营、如何经营、经营什么的技术问题，而且涉及更深层次的社会问题和价值问题，那就是它直接关系农民最基本的生存权与发展权，直接关系农民的获得感与安全感。因此，在农业现代化和土地利用都离不开城市资本、社会资本下乡的现实需要的情况下，农村土地的效用最大化问题必须始终同农村土地的社会价值问题相结合，并且土地的社会价值在总体上应该占据优先级。这一立场是处理城市资本、社会资本下乡的价值指南，即资本下乡决不能演变成对农民的“剥夺”，而应该“造福”于农民。在这个问题上，党和政府要首先发挥作用，把好资本的“政治关”“价值观”，通过各种政策与制度安排来有限制地利用和驾驭资本。

二是乡村生态环境治理问题。社会主义新农村建设和重视生态文明建设以来，中国广大农村的面貌都获得了有效改善。但工业化和商品经济对农村的渗透，使农村不仅面临同城市相似的生态环境污染，还有农村自身的特殊性。一些农村面临水土流失、荒漠化、虫害等生态问题，而更多农村则面临普遍的环境污染问题。农业农村污染问题包含外部性和内部性两个方面，前者是指城市向农村转移工业和生活废料、垃圾所造成的污染，而后者是指农村自身生产、生活所造成的污染，包括养殖业、种植业带来的生物、化学污染，生活垃圾堆放或焚烧带来的污染，饮用水源污染和土壤污染等，这些构成农村污染的主要源头。由于农民居住分散，经济承受能力有限，而其生态环保和公共意识又偏弱，这使农村的生态环境治理水平总体上还处在短板位置。因此，农村的生态环境治理需要地方各级政府牵头，统筹整合环保、城乡建设，倡导农业绿色发展，优化产业布局和生态空间，加大对农业农村的资金投入力度，建立稳定的农业农村污染治理经费渠道。只有加强农村生态环境建设，才能实现农村经济社会的可持续发展，并为整个国家的现代化建设提供坚强的“大后方”保障。

三是乡风文明建设问题。乡风文明是推进乡村治理现代化的软实力支撑。乡风文明建设既要发扬乡土的优秀传统文化，传承富有特色的民间习俗，弘扬优秀的家风村风，又要在同现代文化和城市文化的交流碰撞中去粗取精，使农民大众养成良好的社会风气、生活习俗、文明习惯，并培育符合现代社会需要的思维观念和行为方式。乡风建设要充分融合到农村的自治、法治与德治过程中。自治在本质上是民主性的，但这种民主是在现代法治框架下进行的民主，因此，自治和法治的深入将有助于塑造具有民主法治素养和公共精神的现代农民。而德治主要依靠传统乡土文化的资源，其在主体上重视宗族、家族、家庭和乡村精英、乡贤的作用，在过程上重视德业相劝、礼俗相交、过失相规，在精神上重视扶危济困、守望相助、患难与共。这些资源对于建设乡村社会治理共同体都是弥足珍贵的，“推动自治制度的运行契合现代法治精神和德治精神，并使自治制度的运行成为村民法治意识和道德意识培育过程，始终是完善乡村自治秩序的根本。”① 因此，政府既要通过示范引导和体制机制建设，“自上而下”地创造更好的民主、法治氛围，也要充分把握“保护性传承”的治理逻辑，使内生性的优秀乡土文化在新时代条件下焕发出新的生机与活力，“自下而上”地推进农民大众自主自愿地参与到乡村治理共同体的建设中去。

四是达到治理有效的多元治理主体结构的问题。同治理有效的目标相比，许多农村恰恰陷入“治理缺位”“治理失灵”“治理真空”的困境。而这个困境往往源自“谁来治理”“谁治理、谁负责”等问题的不清晰。而对照党的十九届四中全会提出的“党委领导、政府负责、民主协商、社会协同、公众参与、法治保障、科技支撑”的“七位一体”治理体系来看，农村在几个环节都存在短板，例如缺乏较为成熟的社会组织，农民的公共精神较弱、公共参与意愿不高，农村的法治程度较低、法治氛围较差，农村的科技水平更是远远落后于城市。因此，与城市相比，乡村治理现代化更加需要充分地发挥党委领导和政府负责的作用，更加需要党和政府“自上而下”的引领和推动。习近平总书记明确指出：“农村党支部在农村各

① 何显明：《以自治、法治和德治的深度融合推进乡村治理体系创新》，《治理研究》2018 年第 6 期。

项工作中居于领导核心地位。”① 在农村治理中，应“建立和完善以党的基层组织为核心、村民自治和村务监督组织为基础、集体经济组织和农民合作组织为纽带、各种经济社会服务组织为补充的农村组织体系”。因此，乡村治理的主体包含村民自治在内，但又超出村民自治的视野，而要求更多治理主体和社会治理资源汇入或输入村庄社会。而在这个过程中，如何调整多元主体治理结构并处理各多元主体之间的关系，包括地方政府、乡镇政府、村级组织之间的关系，村民自身与社会力量、社会组织之间的关系，村庄本土资源和社会资源、社会资本的关系等，是乡村治理实践首先要破解的难点。每个村庄都要在以党的领导为核心的前提下，结合自身实际来探索多元共治的协同机制，发挥多方力量来促进乡村事务和经济社会的发展。

五是乡村社会建设特别是乡村公共产品和公共服务供给的问题。农民的生活富裕与否，固然有个人天赋和奋斗努力程度等个体化的因素，但社会条件在更广泛、更普遍的层次上影响到整个农民群体的生活状况。这里所说的社会条件，简言之就是在政策导向与制度安排之下物质文明和精神文明的总供给。对于广大农民来说，影响其幸福生活的社会条件主要有两个方面：一是政府关于农村与农业发展的总体思路和制度安排，就此而言，乡村振兴战略的提出对农民就是重大的利好。作为乡村振兴的基石的产业兴旺，就是要从根本上拓宽农民的收入渠道，促进更多农民致富增收；二是乡村公共产品和公共服务的供给状况，包括道路、桥梁、学校、医院、公共场地等基础设施的建设，也包括教育资源、社会保障、环境保护、法律服务、文化娱乐等非物质性的服务项目。公共产品和公共服务的供给状况，最能直观反映城乡差别；因此反过来说，乡村公共产品和公共服务的供给改善，对于提升农民的生活水平和现代化程度具有直接作用。但是，乡村的公共产品和公共服务的供给受到地方财政和农村居住分散性的限制，不可能也没有必要比照城市来进行。因此，党的十九大报告强调民生保障要尽力而为，量力而行，重点加强普惠性、基础性、兜底性民生建设；党的十九届四中全会《决定》提出政府要完善公共服务体系，推进基本公共服务均等化、可及性。因此，乡村社会民生建设要在强调一般标准和底线约束的基础上，通过政策手段引导更多城市优质服务向乡镇和农

① 中共中央文献研究室编《十八大以来重要文献选编（上）》，中央文献出版社，2014，第684页。

村延伸，实现农民居村生活的现代化。

第三节　构建基层社会治理新格局

基层治理是国家权力体系和政治制度架构中最基层权力的运行过程，同时也是面向具体社会事务治理的关键环节。党的十八大以来，基层治理在社会治理现代化中的地位和作用越来越被重视。党的十九大强调加强社区治理体系建设，推动社会治理重心向基层下移。党的十九届四中全会首次提出要健全“城乡基层治理体系”，强调“健全社区管理和服务机制，推行网格化管理和服务”，对基层社会治理作出了战略性安排。基层是保障社会稳定有序、国家长治久安的屏障。基层治理状况直接反映社会治理现代化的水平，反映国家治理的效能。激活城乡基层治理动能，将有效缓解地方政府压力，并夯实国家治理根基。

一、基层治理是国家治理的基石

改革开放以前，在全能国家全面渗透社会经济宏观与微观领域的情况下，城乡基层组织变得高度政治化甚至军事化，这构成了国家强大的统治力、动员力与组织力的基础。但基层本身的事务和基层治理的主动性都被极致压缩，这遏制了社会的活力，最终整个国家和社会在政治以外的领域的发育发展都严重不足。改革开放以后，国家治理变革的一个重要组成部分就是基层治理变革。但什么是“基层”？我们常说城乡基层，但“基层”一词在不同的语境下，例如在国家制度体系中、在国家行政体系中、在党的组织体系中、在基层社会中，都有差异化的所指或侧重。这些不同领域、不同方面的“基层”的综合，使基层治理成为国家治理与社会治理的基石。

第一，国家制度体系特别是法律制度体系奠定了基层治理的合法性，这个维度上的基层治理本质上是国家权力向基层延伸并为社会订立规则、促使新的社会秩序形成的过程。例如，《中华人民共和国宪法》对乡镇治理的制度、结构与职能，就城乡自治组织的制度、结构与职能都进行了明确的规定；《地方各级人民代表大会和地方各级政府组织法》《村民委员会组织法》《居民委员会组织法》等专门性法律法规为基层政权的建设与城乡居民的权利享有进一步提供了法律依据；此外，还有市民公约、乡规民约等正式或非正式的制度规范在广大群众的自我约束、自我管理过程中发挥重要作用。这些制度是基层治理不断走向制度之治、秩序之治、规则之治的客观保障。

第二，在国家行政体系中，我国行政组织在纵向上划分为中央政府、地方政府和基层政府三级。中央与地方的界限很明晰，但地方和基层之间的划分则存在争议，争议的焦点在于县一级是否属于基层。有人认为基层治理主要包含三个方面的内容：乡镇治理、村级治理与城市街居治理[①]，即不包含县一级在内。但有人认为，把“基层”定位于县及县以下，包括县（县级市、设区市的区）、乡镇（街道）、村（社区），可能更符合实际[②]。还有学者指出，乡镇政府是传统意义上的基层政府，但在乡财县管改革后，乡镇一级政府财政自主权和资源配置能力被大大削弱，其治理权能也随之萎缩，因此县级政府才是职能部门设置最完整的最为基层的政府，是直面群众协调处理基层重大事项、重大问题的“一线指挥”[③]。习近平总书记指出：“县域治理最大的特点是既‘接天线’又‘接地气’。对上，要贯彻党的路线方针政策，落实中央和省市的工作部署；对下，要领导乡镇、社区，促进发展、服务民生。基础不牢，地动山摇。县一级工作做好了，党和国家全局工作就有了坚实基础。”[④] 因此，就基层政府治理来说，县级政府是负责主体，应承担主体责任。

第三，在党的组织体系中，党章在第五章“党的基层组织”第三十条明确规定：企业、农村、机关、学校、科研院所、街道社区、社会组织、人民解放军连队和其他基层单位，凡是有正式党员三人以上的，都应当成立党的基层组织。第三十三条规定：街道、乡、镇党的基层委员会和村、社区党组织，领导本地区的工作和基层社会治理，支持和保证行政组织、经济组织和群众自治组织充分行使职权。第三十条的基层组织主要是从政

---

① 陈家刚：《基层治理：转型发展的逻辑与路径》，《学习与探索》2015 年第 2 期。

② 李皋、丹彤：《基层之治》，人民出版社，2018，第 4 页。

③ 郁建兴：《辨析国家治理、地方治理、基层治理与社会治理》，《光明日报》2019 年 8 月 30 日，第 11 版。

④ 习近平：《做焦裕禄式的县委书记》，中央文献出版社，2015，第 52 页。

党建设角度着眼的，即加强基层党组织建设；而第三十三条则是将基层党组织作为社会治理的主体，而此处的基层是指乡镇、街道和村（社区），但不包括县（县一级称作地方党组织）。这是基层党组织与基层政府在“基层”所指上的差异。但鉴于县域在地方治理中承上启下的地位，习近平总书记强调：“要全面推进县乡村各级各领域党的建设，促进基层治理组织体系更加严密、责任体系更加清晰、服务体系更加高效、保障体系更加有力。”①

第四，在以上三个偏重于政治属性的基层之外，还有一重社会意义上的基层，它指的是城乡居民进行生产、生活和社会交往的最基本的单位，即基层社会，通常便是指城乡社区这“最后一公里”。这个基层当然也包含基层政府或其派出机构在内，例如乡镇政府和城市街道办事处，致力于管理涉及城乡居民的日常性公共事务。但这个基层更加侧重在城乡居民的自我管理之上，即将城乡居民及其团体、组织作为参与政府治理和实行自治的最重要的社会力量，包括城市居民委员会和农村村民委员会等，而其中又渗透了党的基层组织。这就使中国的基层治理表现为一种三元主体结构，即党的基层组织、基层政府和基层群众自治组织。基层社会是最能体现、也最适宜于承载“共治共建共享”原则的治理环节，它强调构建政府与社会良性互动，更重视提升公共服务能力、保护基层群众利益；它在一定程度上是“弱政治性”和“强社会性”的，政治机构的权力统治功能弱化，服务社会的功能更加凸显。

综合以上，基层兼具政治性与社会性，在国家政治和社会经济生活中发挥着基础性作用。基层治理自始至终都包含着两个逻辑：从国家角度来看，基层治理是国家权力向基层延伸的结果，也是基层贯彻国家意志、执行国家政策的过程；从基层来看，基层治理是广大人民群众处理基层自身事务的行为，也是人民参与和分享国家权力的过程。从 20 世纪 80 年代至今，基层治理的变革发展都伴随着这两个逻辑相互作用、相互影响又相互制约的动态过程。从一开始的国家逻辑主导到后来的基层逻辑凸显，这本身就是国家治理现代化同时也是基层治理现代化的过程，即国家不断克制甚至削弱其统治地位和统治欲望，但又在治理变革的方向和原则上发挥决

---

① 《解放思想真抓实干奋力前进　确保与全国同步建成全面小康社会》，《光明日报》2016 年 7 月 21 日，第 1 版。

定性作用；而基层则不断增强其独立性和自主性，但又依靠国家大政方针和政策安排来获得治理资源。基层治理是国家治理的神经末梢，它虽细小，却最敏感，因此习近平总书记多次用“基础不牢、地动山摇”来形容基层政府与基层党组织的重大治理责任。加强和改善基层社会治理，是事关党的执政根基、事关国家长治久安、事关人民福祉的大事。

二、基层治理的困境问题

基层治理既是社会治理的重点，也是社会治理的难点。中国的基层既包括快速发展的城镇体系，也包括发展程度不同的广袤乡村；而且各地自然条件、地理位置、经济水平、资源禀赋不同，这使基层治理的情况很难一概而论。可以说，经济社会发展不平衡不充分的问题在总体上制约着基层治理的能力和水平。而在具体的治理实践中，基层普遍面临主体、制度、能力这三个方面的困境问题。

首先，是基层治理的主体困境问题。无论是城市基层还是乡村基层，特别是具体到社区和村庄层面，基层政府、基层党组织、基层群众自治组织这三者都是重要主体，三者的角色、功能和作用相对独立又相互影响、相互制约。从理想角度来说，三者应该构成相互联系、相互协调、体系共生、功能互补的合作性、互动性结构，从而维护和促进广大居民群众的共同利益。但是在现实层面，基层政府、基层党组织、基层群众自治组织不仅各自面临职能定位不明确、权责关系与治理能力结构不匹配的问题，而且也存在彼此之间地位不均衡的问题，其中最主要的是基层政府和基层党组织对基层群众自治组织的支配或压制，致使居民自治和村民自治都变为一种形式化的存在。居委会和村委会的行政化、官僚化趋势明显，它们与基层政府或者其派出机构之间形成了上下级之间的领导与被领导的关系。结果，基层政府承受上级政府重重施压，而基层政府又将这些压力通过行政命令或任务转嫁到居委会和村委会头上。居委会和村委会变成了政府的“代理人”，却不是居民权益的“代言人”，这严重扭曲了居委会“自我管理、自我教育、自我服务”的群众性自治组织的根本属性。在这种行政逻辑支配下的主体结构中，群众性和社会性自治组织很难充分发展起来。这反过来也加剧了基层政府的治理压力和责任。而政府恰恰没有能力对复杂社会治理“包打天下”，结果便是治理实践中政府的“越位”和“缺位”并存。

其次，是基层治理的制度困境问题，基层治理普遍面临制度不完善、体制不健全、执行不到位的问题。我国宪法和法律体系已对基层治理制度做出宏观层面的顶层设计，但各省市地方都存在一定差异，更不用说基层情况的变化多端。地方和基层的许多新问题、新情况都需要上级部门及时有效推出新政策，制定新的法律。在这个过程中，如果缺乏中央、省市与基层的纵向性的政策法律协同，和上级政府横向性的政策法律协同，就会造成政出多门、法律之间打架的问题。与此同时，由于新情况、新问题层出不穷，而法律的制定出台要经过严格的程序，因而在一定时期内，对一些特定问题的依法治理往往存在空白。就基层治理来说，我国尚缺乏对城乡社区性质功能、不同治理主体之间职责分工、基层公职人员执法权限等进行明确规定的法律法规，这就导致基层在监管、督办、落实种种职责时师出无名、没有底气，工作开展起来难度很大，往往还要通过私人性、情感性（求情式）方式来处理问题。

最后，是基层治理的能力困境问题。任何治理都需要一定的治理资源，包括人力、物力、财力乃至话语权等。在基层治理中承担主体责任的基层政府，本身就面临权力与责任不匹配，进而治理能力受制约的状况，即俗话说的“天大的责任、巴掌大的权力”。许多基层政府在人员编制、财力、行政权力等方面处境艰难，即使基层公务人员超负荷运转也难以提供满足需求的公共服务和社会治理。镇一级基层政府事多、责大、权小，其决策权与执法权也受到上级政府或部门的重重限制，存在决策无效率、执法无依据的状况，缺乏治理的主动权。就基层党组织来说，除去同基层政府融合一体的党组织外，处于企业、农村、机关、学校、科研院所、街道社区、社会组织的党组织都普遍面临治理资源不足的实际问题，一些党组织在社会生活领域悄无声息、流于形式、形同虚设，也有一些基层党组织发生“微腐败”问题，这都导致党组织在领导基层治理、团结动员群众中不能发挥领导核心作用。城乡居民自治则普遍存在因个体能力差异所造成的参与非均衡问题，大部分群众都存在参与意愿较低、参与能力不足的情况，社区层面自治的真实性和有效性高度依赖个别领导或精英人物的作用。

以上三重困境反映在治理实践中，便是“谁来治理、依据什么治理、治理效果如何”这三个问题不能得到确定性或肯定性的回答。要推进基层治理发展完善，必须从优化治理主体结构、加强制度建设、提升能力建设这三个方面来着手。其中首要的，是正确处理基层政府、基层党组织和社会性、群众性自治组织之间的关系，党和政府要着眼于积极培育社会性自治力量，给予社会性自治力量更大的生长空间。其次，是在坚持和完善共建共治共享的社会治理制度的方向上，加快配套体制机制的建设，使更多社会性、群众性自治组织能够更加积极有效、合法合规地参与到社会治理进程中来；最后，基层治理能力建设必须通过“资源下沉”来实现，更多资源要下沉到基层政府和基层社区，由基层政府负责资源的统筹安排，并由基层社区来利用资源提供精准化、精细化服务。实际上，在此次新冠疫情防控中，党的领导、政府负责与全民共同参与展现了基层治理“共建共治共享”的可能的典范：基层党组织广泛动员和组织群众，政府发布疫情防控策略并执行相关措施，市场主体、社会组织广泛参与疫情监测、物质保障捐赠和防控救治工作，广大人民群众居家隔离抗疫。因此，基层治理的潜力和效能在这场疫情防控战中得到了充分发挥，为基层治理的进一步建设发展提供了宝贵经验。

三、完善城乡基层治理体系

近年来，经济社会发展转型过程中带来的问题最集中地暴露在基层，政府决策失误或公共服务供给不足的问题最直接地反映在基层。基层群众利益受损，其“被剥夺感”和“不公平感”加剧。基层日益成为社会冲突和社会矛盾的滋生地。这对党和政府的基层治理能力提出了严峻的挑战。基层既是国家权力的神经末梢，是党和国家公共政策执行落实的“最后一公里”，也是广大人民群众生产生活的中心舞台，是党和政府服务人民群众的前端窗口。因此，基层治理状况直接关系到人民群众对国家治理的感知和评价。治国安邦重在基层，党的工作最坚实的力量支撑在基层，最突出的矛盾和问题也在基层，必须把抓基层、打基础作为长远之计和固本之举。

完善城乡基层治理体系，首先要致力于打造多元主体良性互动的社区治理共同体。按照德国社会学家滕尼斯对社区的经典定义，社区是“基于一定的地域边界、责任边界、具有共同的纽带联系和社会认同感、归属感的封闭性社会生活共同体”[①]。但这一社区概念是基于传统机械团结的共同体（如村庄共同体）而言的，现代意义的社区实际上更接近滕尼斯所剖析的“社会”，即由社会性生产、生活与交往关系所构成的相对开放性、动态式的共同体。在中国的语境下，社区也不是纯生活性的，而带有一定政治组织和行政规划的色彩。因此，社区治理的主体众多，包括居民主体，也包括传统的基层政府、街道办事处、社区党组织、居委会、驻区单位等政府主体，还包括在市场经济中发展起来的业主委员会、物业公司和形形色色的市场与社会组织。要让这些多元主体形成治理合力，就要按照共建共治共享的基本原则，完善各种体制、机制、程序、规则等，使各多元治理主体明确各自的角色以及责任范围，按照各主体不同的价值观念和行为逻辑运作，实现多元主体之间目标协同、利益协调、行动协作，共同促进社区共同体的利益。例如，政府的关键职能是提供公共服务，并应积极培育扶持社会组织的发展；各类社会组织要完善自身管理，提升专业化水平，创新服务形式；社区居民要发挥主体能动性，围绕与居民利益切身相关的公共事务或居民面临的现实问题来实现自我管理、自我负责。在这次疫情防控中，正是多元主体良性互动的社区治理共同体筑牢了社区这道疫情防护的关键防线。加强社区的重塑，构筑社区居民的集体意识，共同守护人们的生活家园，这应是社区治理未来发展的精神与文化导向。

完善城乡基层治理体系，要在党建引领下推进自治、法治和德治相融合的复合治理模式。我国社会治理现代化的最大优势就是坚持中国共产党的领导。通过党建引领基层社区治理，发挥党的影响力、渗透力和凝聚力，才能有效实现社区的再组织化，保证社区治理的政治方向。在当前复杂的社会形势下，采取自治、法治、德治相结合的治理模式，是基层社区治理的必然选择。自治是一种民主制度，是由居（村）民选举产生的居（村）委员会来进行社会治理，主要内容是民主选举、民主决策、民主管理、民主监督。自治是基层治理体系的基础，直接面向人民、服务人民。社区党组织可组建党建工作协调委员会，引导社会自治力量有序参与社区治理。发挥社区自治力量的主动性，建立居民议事平台，培养居民的自治

① 斐迪南·滕尼斯：《共同体与社会》，林荣远译，商务印书馆，1999，第 78 页。

能力。法治意味着用法治的思维和手段参与治理、协调利益、解决矛盾。社区党组织要带头守法、用法、普法，开展居民法治文化教育活动，健全矛盾纠纷化解机制。法治不仅包括正式法律制度，还包括非正式的民俗民约等。基层社会的法治之路，必须注重利用中国本土的资源，注重中国法律文化的传统和实际[①]。德治是社区治理体系的润滑剂，发挥道德教化的作用，提升人民的道德素质。社区党组织要不断创新基层社会道德规范，用道德规范约束人们的行为。通过社区先进典型的评选，引导激发居民向善的动力。社区党组织要努力整合各种社会资源，举办各类社区活动，吸引居民参与进来，提升居民的文化修养，在社区打造温馨、和谐的氛围，构建熟人社会，营造社区信任。

完善城乡基层治理体系，要加强智慧社区建设。智慧社区实际上包含两个维度，即以网络通信技术为核心的现代科学技术在提供社区治理的智能化手段的同时，也为更加智慧地了解居民的需求进而提供精准化的服务创造了条件。从治理需要出发，就是要借助以大数据为核心的物联网、区块链、人工智能等技术手段，改变过去自上而下的单向度的行政管控模式，构建平行互动的治理结构，推动社区多元主体参与共建信息平台，整合各类资源，构建社区风险预警系统和快速反应系统，完善社区在治安防控中的工作机制。从服务需要出发，就是依托智慧社区建设，通过一体化在线服务平台，实现信息公开、议事协商、线上医疗、线上教育等，使居民能直接表达服务需求、反映问题，相关组织能有效回应需求、解决问题，实现精准治理和精细服务的有机统一。智慧社区是社区治理与服务形态的根本革新，它立足于“以人民为中心”的发展理念，通过智能技术为社区居民打造更加安全、舒适、便利的现代生活环境，从而不断提升社区群众的安全感、获得感与幸福感。

---

① 苏力：《法治及其本土资源》，北京大学出版社，2018，第6页。

第六章　加强社会风险治理

风险社会是市场化、现代化和全球化所引发的后果。也就是说，我们不在严格的学理意义上使用风险社会这个概念，而是强调它所表达的一种社会特征，即人类可能面临越来越多的偶然性与不确定性的损失或负面性后果。中国从实行改革开放到全面深化改革就是一个同风险进行矛盾运动的过程：既参与风险赢得收益，也要应对风险带来的各种挑战。因此，党的十九大报告频频提及风险一词，并提出要坚决打好防范化解重大风险攻坚战。党的十九届四中全会《决定》坚持目标导向、问题导向，聚焦制度完善、机制创新，以坚持和完善共建共治共享的社会治理制度为原则，以应对风险挑战为基本线索，明确部署了四个方面的重点任务。

第一节　正确处理人民内部矛盾

新中国成立以来，我国社会的主要矛盾便从“敌我矛盾”转化为“人民内部矛盾”，这种“矛盾”不是一成不变的，而是随着时代的发展和进步不断变化，表现为不同的方面、不同的程度的矛盾。2017 年 10 月 18 日，党的十九大报告将新时代我国社会的主要矛盾高度概括为：人民日益增长的美好生活需要和不平衡不充分的发展之间的矛盾。将解决问题的关键聚焦在了“平衡”与“发展”两个关键词上，点明了中国共产党的历史责任和时代担当，更为正确处理人民内部矛盾指明了方向。在社会治理领域，各级党委和政府要坚持和发展新时代“枫桥经验”，将人民福祉与社会和谐统一在共建共治共享的社会治理体系中，落实在基层治理、制度建设与人民参与的有机结合上。

一、坚持和发展新时代“枫桥经验”

任何社会都不可能没有矛盾。随着我国社会主要矛盾发生新变化，人们对“不平衡”的理解也日益深入：城乡、区域、阶层、行业甚至性别之间都存在着各种各样的不平衡，而这些不平衡的后果就是社会利益的多元化和社会矛盾的增多。面对大量而复杂的社会矛盾，特别是利益矛盾，敢于正视矛盾、有效预防矛盾、积极化解矛盾是增进社会和谐的关键。对此，党的十九届四中全会《决定》首先强调，要坚持和发展新时代“枫桥经验”，畅通和规范群众诉求表达、利益协调、权益保障通道。

20世纪60年代初，浙江省绍兴市诸暨县枫桥镇干部群众创造了“发动和依靠群众，坚持矛盾不上交，就地解决。实现捕人少，治安好”①的“枫桥经验”。1963年，毛泽东同志亲笔批示“要各地仿效，经过试点，推广去做”。②“枫桥经验”由此成为全国政法战线一个脍炙人口的典型。此后，“枫桥经验”得到不断发展。党的十八大以来，枫桥干部群众认真贯彻习近平总书记关于坚持和发展“枫桥经验”的重要指示精神，在新时代积极推进社会治理创新，形成了具有鲜明特色的新时代“枫桥经验”。其基本内涵演化为“矛盾不上交、平安不出事、服务不缺位”③。其实质就是，在党的领导下依靠群众解决自己的事情，民事民议、民事民办、民事民管，做到小事不出村，大事不出镇，矛盾不上交，就地解决好。

为了切实做到就地解决群众内部矛盾，枫桥在各居委会、村和一些重点企业都建立了相应的调解组织。近年，枫桥镇共成功调处民间纠纷1000多起，调处成功率达97.2%，其中80%的纠纷在村一级就得到了解决。此外，枫桥镇在健全普法工作网络的基础上，每年投入20多万元用于法制宣传教育，并对曾经有过违法行为的人员，坚持“不推一把拉一把，不帮一时帮一世”的原则，在基层治理上取得了良好的效果。习近平总书记多次强调，各级党委和政府要充分认识“枫桥经验”的重大意义，发扬优良作风，适应时代要求，创新群众工作方法，善于运用法治思维和法治方式解决涉及群众切身利益的矛盾和问题，把“枫桥经验”坚持好、发展好，把党的群众路线坚持好、贯彻好。

浙江省始终坚持发展“枫桥经验”，2013年又率先提出了构建自治、法治、德治“三治融合”的基层社会治理体系，三管齐下，推动群众参与

---

① 魏哲哲：《矛盾不上交、平安不出事、服务不缺位　浙江公安创新实践“枫桥经验”》，《人民日报》2018年12月5日，第18版。

② 徐良平：《治理者说：在共治中创新“枫桥经验”》，《人民日报》2018年11月16日，第9版。

③ 魏哲哲：《矛盾不上交、平安不出事、服务不缺位　浙江公安创新实践“枫桥经验”》，《人民日报》2018年12月5日，第18版。

民主决策，做到民事民议、民事民办、民事民管，形成“大事一起干、好坏大家判、事事有人管”的基层治理新风尚，源头防范社会风险的能力得到显著提升，最大程度地将矛盾化解在了基层，是“新时代枫桥经验”的重大创新，为我们这样一个幅员辽阔、人口众多、发展迅猛的大国治理提供了一套现实可行的治理办法。

当然，“枫桥经验”之所以能够获得社会认可与治理实效，不仅是因为其中蕴含的管理智慧，更是因为中国共产党人的为民情怀。“枫桥经验”是基层治理和基层民主自治的典范，其出发点和落脚点都在于人民：一切为了群众，一切依靠群众，一切服务群众，真正解决群众最关心最直接最现实的利益问题。因此，坚持和发展“新时代枫桥经验”，要以党建引领推动基层治理“三治融合”，有效提升社会治理现代化水平，同时，必须坚定以人民为中心的根本立场。

二、畅通和规范群众参与通道

现代社会是民主社会，也是参与式社会。人民被赋予的各项民主权利都要通过参与来实现。只有通过参与，人民群众才能进行诉求表达，实现彼此之间的利益协调，充分保障个人合法权益。而人民内部矛盾的产生，往往就是因为这些环节受到阻滞。因此，了解人民内部的矛盾是什么、其问题和根源是什么，就需要确保群众表达其利益诉求的渠道畅通，使政府能够听到群众最真实的呼声。通过打通和规范群众诉求表达、利益协调、权益保障通道，把着眼点前置，实现前瞻治理、前端控制、前期处置，真正实现将矛盾化解在基层。

首先，要疏通诉求表达渠道，顺应社会利益格局日益复杂化和群众权利意识日益高涨的发展趋势。改革开放以来，我国实现了社会经济的跨越式发展，但利益需求层次多元化、利益冲突尖锐化和社会矛盾交叠化的问题也日益凸显。一方面，公民的权利意识、民主意识、环保意识、健康意识都得到了显著提升，另一方面，体制机制却不够完善、执法行为也不够严格、法治观念更加没有深入人心，群众有了利益诉求却没有畅通的表达渠道。一般来说，在我国现阶段，群众表达自身合理诉求面临两个基本问题：一个是有些部门权责不明确，基于政府机构设置存在的一些问题和群众自身的认知局限，出现群众要么“投告无门”，要么只认“一把手”的情况；另一个是有些部门仍然存在“门难进、事难办、脸难看、话难听”的情况，政府公职人员只对上级负责，却对群众敷衍塞责，导致群众望而却步，矛盾积压。社会上流传着各种讽刺顺口溜，基层社会治理面临着严峻的挑战。

因此，要重视引导广大群众采取正确的方式，合理、合法、有序地表达诉求。一方面，要多渠道宣传引导，让群众熟悉我们的诉求表达机制。目前，我国已经形成相对完善的诉讼、仲裁、行政复议等法定诉求表达机制，同时有各级人大、政协，还有人民团体、社会组织、基层群众自治组织以及新闻传媒等多种诉求通道。群众依法依规理性表达诉求，理应得到及时有效的处理。另一方面，要强化相关部门及其公职人员的公仆意识，加强监管，提升群众的信任度，让老百姓进得去门、看得见笑脸、解决得了问题。

其次，要规范利益协调机制，提升公民在民主决策过程中的参与度。处理人民内部矛盾，公民作为矛盾的主体，只有享受充分的知情权和参与权，才能提高矛盾化解的可能性。因此，要进一步完善公共决策民意调查制度、社会公示制度、公众听证制度、专家咨询论证制度、协商谈判制度、公民投票制度等，为公民参与民主决策提供现实路径。也就是说，正确处理人民内部矛盾，不仅要有畅通的民意表达渠道，还要有合理的民主决策程序。通过民意调查制度找到解决问题的正确方向，通过公众听证制度让群众积极参与决策机关的决策方案的拟定和修改，通过社会公示制度征求最广大人民群众的意见，通过专家咨询论证制度取得广大群众的支持和理解。由此，化解公民与政府、与社会之间的矛盾，努力实现公民“同历决策过程，共享决策成果”。如此才能在实现决策民主化的同时兼顾决策的科学性，实现决策利民、还政于民。

再次，要规范群众利益和权益保障机制。坚决防止和纠正因违法或者行政行为不当而导致的群众利益受损情况。加强制度建设，强化人权、产权司法保护，依法惩治挑战法律权威、挑衅公共秩序、侵犯人民利益等违法犯罪行为，同时健全以国家司法救助、法律援助、诉讼费用担保等制度为基础的司法救助体系，保护好人民群众的人身权、财产权和人格权。在涉及人民群众切身利益的问题和矛盾较为尖锐的领域，如土地征用、房屋拆迁、企业改制、劳动关系、教育公平、医疗保障、环境保护、安全生产、食品安全、药品安全、城市管理等，要严格执行制度、提供有力法律保障，切实维护好群众利益。

此外，需要注意的是，群众利益保障还依赖于社会稳定风险评估机制的建立健全。社会稳定风险评估机制是指与人民群众利益密切相关的重大决策、重要政策、重大改革措施、重大工程建设项目、与社会公共秩序相关的重大活动等重大事项在制定出台、组织实施或审批审核前，对可能影响社会稳定的因素开展系统的调查，科学的预测、分析和评估，制定风险应对策略和预案，有效规避、预防和控制风险和实现民主的制度设计。2012 年，习近平总书记就曾指出，对涉及群众切身利益的重大决策，要认真进行社会稳定风险评估，充分听取群众意见和建议，充分考虑群众的承受能力，把可能影响群众利益和社会稳定的问题和矛盾解决在决策之前。良医治未病，有效的化解不如有效的预防，目前社会稳定风险评估机制在我国社会治理中已引起了足够的重视，但无论是作为一种制度还是作为一种理论都还并不完善，是未来社会治理现代化道路上需要继续努力的方面。

三、完善信访制度和矛盾调处机制

“改革”“发展”“稳定”一直是党和人民关心的大事，是关系到中华民族伟大复兴能否顺利实现的战略性命题。这三者是矛盾统一的，维护好三者的良性互动是问题的关键。任何一个决策都不可能同时兼顾所有人的利益，因此，在实践中，重大的改革在推进发展的同时，可能会损害部分群众的利益，影响社会的稳定。在矛盾没有就地解决或解决不顺利的情况下，完善社会矛盾纠纷多元预防调处化解综合机制，通过完善信访制度，完善人民调解、行政调解、司法调解联动工作体系，使群众维权“有路可走”就成为问题的关键。

首先，要把解决群众信访问题作为化解矛盾纠纷的主要抓手，认真负责地解决群众合理合法的诉求。信访制度是社会主义民主制度的一种表现形式，随着我国社会主义建设和改革实践的推进，这种形式也在不断规范化、法治化。2022 年发布的《信访工作条例》第三章第十七条规定：公民、法人或者其他组织可以采用信息网络、书信、电话、传真、走访等形式，向各级机关、单位反映情况，提出建议、意见或者投诉请求，有关机关、单位应当依规依法处理。这里不仅指出各级机关、单位必须具有畅通的信访渠道、做好信访工作的主体责任，同时也指出了信访所承担的社会责任。信访制度是我国国情的具体体现之一，人民群众通过信访渠道来反映自己的要求和意见，是法律所赋予的权利，是人民意志的表达，体现了中国特色社会主义制度下的民主。在人民群众的权益受到损害和其遭遇不公待遇等情况下，信访是人民群众寻求维权和补救的手段，是被损害的利益和遭受的不公正待遇可以得到恢复或得到有效处理的途径，因此可以说信访是对公民权利的维护和救济。

需要注意的是，信访不是“闹访”，上访是公民的合法权利，但是上访诉求行为应在法律规定的范围内进行，要推进信访工作法治化，努力建设阳光信访、责任信访、法治信访。2014 年 2 月，中央要求实行网上受理信访制度，在一定程度上增强了信访事件办理的透明度，是建设“阳光信访”的重要一步。同时，党和政府积极完善信访制度，健全及时就地解决群众合理诉求的体制机制，将涉法涉诉信访纳入法治轨道解决，建立了涉法涉诉信访依法终结制度，促进了信访秩序进一步好转，推进了“法治信访”建设的不断深入。

其次，完善以人民调解为基础、以行政调解为主导、以司法调解为保障的“大调解”联动工作体系。三种调解形式都是通过第三方介入当事人之间的矛盾，通过疏导、说理来解决纠纷，达成协议。“三大调解”联动机制相互衔接，互为补充，对妥善化解社会矛盾、构建和谐社会具有十分重要的作用。

人民调解是我国法律所确认的一种诉讼外的调解形式，被称为具有中国特色和中国传统的法律制度。它是指在人民调解委员会的主持下，依照法律、政策及社会主义道德规范，对纠纷当事人进行说服规劝，促其彼此互谅互让，在自主自愿情况下，达成协议，消除纷争的活动。人民调解具有自己独特的组织形式，完整的工作原则、制度、程序，严格的工作纪律，更有方便灵活、形式多样的工作方法。它是我国社会主义法治建设中的一项创举，因此许多国家把人民调解誉为“东方经验”。2011 年 1 月 1 日，《中华人民共和国人民调解法》正式施行，人民调解从此纳入法治化的轨道。实践中，人民调解以调解委员会为依托参与社会矛盾化解工作，人民调解委员会在城市以居民委员会为单位，在农村以村民委员会为单位，兼顾地缘、人缘和管理等多方面的便利。人民调解员则由公道正派、热心人民调解工作并具有一定文化水平、政策水平和法律知识的公民担任。为确保其专业水平，人民调解员还需定期接受县级司法行政部门的培训。人民调解是人民群众直接参加管理国家和社会公共事务的一种工作形式，缓解了社会矛盾，促进了社会安定团结，强化了社会主义精神文明建设，预防、减少了犯罪，积极推动了社会生产力的发展，是党和政府以及审判机关的助手。

行政调解是国家行政机关处理行政纠纷的一种方法。国家行政机关根据法律规定，对属于国家行政机关职权管辖范围内的行政纠纷，通过耐心的说服教育，使纠纷的双方当事人互相谅解，在平等协商的基础上达成一致协议，从而合理地、彻底地解决纠纷矛盾。行政调解的主体是基层人民政府和某些国家行政机关，例如工商管理机关、公安机关、婚姻登记机关等，主要调解民事纠纷与经济纠纷，公安机关也可以对情节轻微的打架斗殴案件和交通事故进行调解。与人民调解相比，行政调解更具权威性，不仅可以调解公民与公民之间的矛盾，还可对公民与法人、法人与法人之间的矛盾进行调解。与诉讼相比，行政调解可以降低纠纷的解决成本，灵活性强、专业性强、调解时效长，还可以有效化解老百姓的“厌诉”情绪，切实保护群众利益，是诉讼调解的有效“补台”。因此，新时代，要更好发挥行政调解主导作用，加快行政调解立法工作、规范行政调解程序、提高行政调解专业化水平。

司法调解亦称诉讼调解，是我国民事诉讼法规定的一项重要的诉讼制度，是当事人双方在人民法院法官的主持下，通过处分自己的权益来解决纠纷的一种重要方式。司法调解有悠久的历史，很适合我国的国情。作为人民法院促进和谐社会建设的重要手段，司法调解有利于在更大范围内，在更多领域维护社会稳定，促进社会团结，维护家庭、邻里、社会关系安定，有效防止“民转刑”案件的发生。另外，与人民调解和行政调解相比，司法调解不仅具有法律效力，还具有强制执行效力，可以调解所有的民事案件和刑事自诉案件，是化解矛盾，调处纠纷的重要形式。

人民调解、行政调解、司法调解联动工作体系，是具有中国特色的大调解工作体制。在矛盾多元化的今天，要坚持完善资源整合、科学分流、效力对接的制度机制，实现“三调”联动，完善社会矛盾纠纷多元预防调处化解综合机制，以多元的方式方法化解不同的矛盾纠纷。

四、健全社会心理服务体系和危机干预机制

现代化的发展不仅持续改变着社会形态与社会结构，也在深层次冲击着人们的思想与心灵。物质文明建设取得的巨大成果在给人们带来幸福的同时，也给人们的精神世界带来巨大的冲击。诸如人口膨胀、市场竞争、交通拥挤、空气污染、住房紧张、就业压力等社会问题，最终都会投射到人的精神世界，造成个体的压抑、焦虑、彷徨甚至绝望，影响整个社会的和谐与稳定。因此，化解社会矛盾还要从微观心理入手，健全社会心理服务体系和危机干预机制，使处于社会危机和心理危机状态的个人能够及时得到适当的援助，助其尽快摆脱危机，从源头减少和消灭社会极端性事件。

很多心理问题是现代化的后果，因此，现代化起步较早的国家，对心理服务的重视也比较早。目前，西方国家已经建成了比较完整的社会心理服务体系。从服务内容来说，其心理服务主要是帮助正常人群解决来自学习、择校、就业、情感、家庭、工作等方方面面的压力；从服务对象上来说，西方很多国家建成了完整的企业、学校、社区三个层面的心理服务网络，基本上实现了对公民的全覆盖；从从业者素质方面来说，心理服务人员，要经过长期的专业化学习，并通过严格的考试取得执业资格，素质相对较高。也因此，西方的社会心理服务取得了很好的社会效果。而在我国，心理服务还处于起步阶段，社会重视程度不够、人才匮乏、体系不完善、监管不到位、群众对心理服务还存在很大误解等等，都是我们在健全心理服务体系上面临的难题。

对此，党和政府做出了一系列的制度设计。党的十九大提出了“加强社会心理服务体系建设，培育自尊自信、理性平和、积极向上的社会心态”的要求。为了全面贯彻党的十九大精神和党中央、国务院决策部署，按照《精神卫生法》《“健康中国 2030”规划纲要》《关于加强心理健康服务的指导意见》等法律、规划、政策要求，2018 年 11 月 19 日，国家卫生

健康委、教育部等10部门印发《全国社会心理服务体系建设试点工作方案》，探索社会心理服务疏导和危机干预规范管理措施，为全国社会心理服务体系建设积累了经验。方案预计，到2021年底，试点地区逐步建立健全社会心理服务体系，将心理健康服务融入社会治理体系、精神文明建设，融入平安中国、健康中国建设。我们的目标是，基本形成自尊自信、理性平和、积极向上的社会心态，使因生活失意、心态失衡、行为失常等导致的极端案（事）件明显下降。

从心理层面和危机意识上对待矛盾个体，健全相关干预机制，标志着社会治理从宏观向微观、从科学治理到人文关怀的进一步深化。从实践层面讲，我们还有很长的路要走。首先，要加强心理服务体系建设，让学校、企业、社区发挥应有的作用。着重以社区为依托对重点人群有针对性地加强帮扶、疏导、援助。其次，要加强监管，提升心理服务从业者素质。目前，我国从事心理服务人员不足40万，且人员构成复杂、素质水平参差不齐，包括医生、教师、辅导员、居委会成员、妇联工作人员等，有的人甚至只接受短短几周的培训就从事相关工作，因此，收到的社会效果有限，专业素养亟需提升。最后，要加强宣传引导，提升公众对心理服务及心理问题的理性认识，及时接受专业心理疏导和矫治，提高预防和治疗效果。这些举措将有利于从源头减少和消灭社会极端现象，最大限度化解社会戾气。

第二节　完善社会治安防控体系

社会治安指的是社会的安定秩序，包括维护公共场所秩序、公民生活秩序，保护国家、集体和个人财物的安全，保障公民人身权利不受侵犯等。完善社会治安防控体系，不仅事关人民群众的生命财产安全和正常的生活状态，而且事关国家的兴旺发达和整个社会的发展进步。提升社会治安水平，切实提高维护公共安全能力水平，才能提高人民群众的安全感和满意度，促进社会安定有序，建设更高水平的平安中国。为此，党的十九届四中全会《决定》指出，要："坚持专群结合、群防群治，提高社会治安立体化、法治化、专业化、智能化水平，形成问题联治、工作联动、平安联创的工作机制，提高预测预警预防各类风险能力，增强社会治安防控的整体性、协同性、精准性”[①]。

一、坚持专群结合、群防群治

加强社会治安综合治理，创新和完善社会治安防控体系，首先要明确社会治安防控的主体，坚持专群结合、群防群治。社会秩序与公民道德水平、法律完善程度、制度设计等多种因素相关，因此，破解当前社会治安难题绝非公安机关一个部门可以完成的任务，必须全社会各部门通力协作、多元社会主体共同参与，政府、社会、公民各归其位、各担其责才能实现。

“专群结合”是专门机关工作同群众路线相结合的简称，是指政法专门机关在同违法犯罪行为做斗争的过程中，既要依法行使职权，充分发挥自身的职能作用，又要坚持群众路线，最大限度地取得人民群众的支持和协助。这是在长期的政法工作实践中形成的优良传统。公安机关在承担主要职责的同时广泛动员各方力量参与，公安机关是主心骨，群众的力量是公安机关的“千里眼”“顺风耳”；专门机关是人民群众同违法犯罪作斗争的有力武器，人民群众则是专门机关的强大后盾。二者结合有利于更加严密地防范和惩治各类违法犯罪活动，将许多不安全因素消弭在萌芽状态。同时，专群结合也有利于社会治安防控工作的创新和发展，社会环境的复杂必然导致不和谐因素的增多，在群众的生动实践中寻找突破是我国政法工作始终创新发展的不竭动力。

“群防群治”是在“专群结合”原则的指导下创造出来的社会治安综合治理的重要形式，是群众性、互动性自防自治活动的简称。具体来说，是指在各级党委、政府领导和专门机关指导下，群众自己组织起来，预防和治理违法犯罪活动，维护所在地区，或单位治安的一种活动，是社会治安综合治理工作的一项重要工作原则。在工作方法上，群众组织要听从派出所或民警的指挥，在民警或者治安员的带领下，做好巡逻看护，情报信息搜集等群防群治工作。群众组织对公安机关所布置的工作任务要认真完成，发现安全隐患和各种违法犯罪情况要及时向民警汇报。工作过程要文明热情，同时增强法制观念，一切活动不得违背国家法律、法规。新时

---

① 本书编辑组编《党的十九届四中全会〈决定〉学习辅导百问》，党建读物出版社、学习出版社，2019，第22页。

代，在依靠党委政府、保障经费的基础上引导群防群治走上规范化的道路，是建设平安中国、构建和谐社会的基础工程，也是实现社会治安环境好转的有效途径。

当前，受国际国内各种复杂因素的影响，我国公共安全问题复杂性不断加剧，各种潜在危险大量存在，传统犯罪和新型犯罪在互联网和新媒体作用下危害进一步加大。面对这样的挑战，各级党委和政府要践行党的群众路线，牢固树立以人民为中心的发展思想，一切为了群众、一切依靠群众，尊重人民的主体地位和首创精神，把社会治理深深扎根于人民群众创造性实践中。事实上，群众路线是党一切工作的根本路线，是革命和建设的成功经验总结，同时也是专门机关具体工作的活动原则。在社会治安综合治理中，必须坚持党领导下的群众路线。坚定不移走专门机关与群众路线相结合之路，相信群众，把依靠群众、解决群众身边的问题作为着力点，专门机关才能打牢社会治安防控的群众基础，有效发挥专门机关的职能作用；广大群众也只有在专门机关的领导下，才能有领导、有组织、有针对性地充分发挥作用，织密社会治安的天罗地网，形成共建共治共享的良好局面。

二、提高社会治安立体化、法治化、专业化、智能化水平

完善社会治安防控体系，不仅要明确原则，还必须明确实践方向。2016 年 10 月，习近平总书记在全国社会治安综合治理创新工作会议召开之际提出了“社会治理社会化、法治化、智能化、专业化”的重要指示。随着认识和实践的不断深入，党的十九届四中全会进一步提出“提高社会治安立体化、法治化、专业化、智能化水平”①，为新时代全面完善社会治安防控体系提供了现实可行路径和实践支撑。

首先，要提高社会治安立体化水平。“立体”，从字面理解就是长、宽、高的多维角度，因此，立体化就是要多维化、全面化。要提高社会治安防控水平，就要立体化、多维度发力，打造点线面均衡布局、网上网下交汇融合、人防物防技防有机结合、打防管控一体化的社会治安防控新格局。社会治安防控的立体化是在党委和政府的领导下，以公安机关为主

① 本书编辑组编《党的十九届四中全会〈决定〉学习辅导百问》，党建读物出版社、学习出版社，2019，第 22 页。

导，协同其他相关国家机构，以群防群治为依托，动员全社会的力量，对危害社会治安的行为进行组织化、系统化预防与控制的一项重大社会工程。因此，相关部门必须充分调动社会各方力量、统筹社会各种资源，实现认识统一、行动协同、结果共享。在此过程中，强化党的领导和政府的职能作用是根本前提，促进非政府组织的发展是必要途径，提高公民的责任意识和防害意识是最终目标。未来所要建立的社会治安防控体系，就是以职能部门为主导、全社会广泛参与、激发全体公民主观能动性的一体化运作、协同防控、精准防控的防控体系。

其次，要提高社会治安法治化水平。善于运用法治思维开展防控工作，以法治方式解决治安问题，提高社会治安防控法治化水平，是新时代的必然要求。法治是社会现代化的根本保障和主要标志，习近平总书记指出："人类社会发展的事实证明，依法治理是最可靠、最稳定的治理。要善于运用法治思维和法治方式进行治理，要强化法治意识……"[①] 可以说，法治化与国家治理现代化具有同步性，国家治理现代化的过程本身就是国家法治化的过程。因此，完善社会治安防控体系，也必须在法治框架内统筹社会力量、平衡社会利益、调解社会关系，同时规范社会行为、化解社会矛盾，让法治为社会发展保驾护航。实践上来说，提高社会治理法治化水平，发挥法治的保障作用，就是充分利用法治的稳定性、连续性和权威性。为此，在日常实践中，就一定要做到有法可依、有法必依、执法必严、违法必究，树立宪法和法律权威，做好执法司法，同时强化法治意识、弘扬宪法精神、提升法律服务，加强法治宣传，建设社会主义法治文化，让法律成为人民的真诚信仰，实现法治国家、法治政府、法治社会一体建设。

再次，要提高社会治安专业化水平。改革开放的过程也是社会治理主体多元化、治理对象复杂化的过程，提高社会治理水平也就必然是一个逐渐专业化的过程。提高社会治理专业化主要涉及几个方面的内容：专业思维、专业方法、专业技术，而社会治安防控的所有专业化最终表现为政法队伍的专业化。在我国，政法队伍的主体是政法机关的公职人员，包括人民法院、人民检察院、公安部、司法部、国家安全部的法官、检察官、公安干警、司法干警、国家安全干警等等。政法机关和政法队伍是安全秩序

---

① 习近平：《论坚持全面依法治国》，中央文献出版社，2020，第 120-121 页。

的直接捍卫者，也是国家公平正义的坚固防线。政法工作要维护安全秩序不能仅仅依靠强制力，更要依靠法律和对法律的执行与运用。政法队伍必须专业化，才能更好地依靠和运用法律来维护社会秩序和人民利益。习近平总书记指出："政法系统要把专业化建设摆到更加重要的位置来抓。要突出实战、实用、实效导向，全面提升政法干警的法律政策运用能力、防控风险能力、群众工作能力、科技应用能力、舆论引导能力。"[①] 因此，打造高素质专业化的政法队伍，既要注重理论学习，又要注重实践培养；既能踏实钻研，又能实用务实；既能坚守正义又能让群众心悦诚服。

最后，要着力提高社会治安智能化水平。智能化以科技为依托，运用先进技术为社会治理和社会发展服务。以习近平同志为核心的党中央立足时代前沿，把握发展大势，将智能化的理念引入到社会治理层面中来，倡导把大数据、云计算、物联网、人工智能作为推动社会治安防控工作创新发展的强大引擎。提高社会治安智能化水平包含两个方面着力点：一是利用高科技加强对实体社会的数字化管理水平，做到对社会治安问题精准把控、精确处理，增强社会治安管理的时效性、精准性，并有效节约社会成本。二是要加强对网络空间自身或者说虚拟社会的管理。随着网络技术的发展，许多风险和违法犯罪行为也"上了网"。网络空间已经成为社会治安的重要领域。因此，充分利用信息化手段和互联网技术是提升社会治安效率的重要抓手。这两个方面虽各有侧重，但在实践中往往交融在一起。因此，要加大依法管理网络力度，加快完善互联网管理领导体制，构建以政府为主导、多方共同参与的互联网管理模式，实现虚拟社会法制化、网络交易制度化、管理科技化、监管全面化。

三、增强社会治安防控的整体性、协同性、精准性

完善社会治安防控体系就要增强社会治安防控的整体性、协同性、精准性，提高预测预警预防各类风险的能力。这是十九届四中全会《决定》对社会治安防控体系提出的能力要求和工作要求，也是建设更高水平的平安中国的目标要求。事实上，建成"专群结合"的治安防控队伍，建立立体化、法治化、专业化、智能化的社会治安防控体系只是提升社会治安防

① 中共中央宣传部、中央全面依法治国委员会办公室编《习近平法治思想学习纲要》，人民出版社、学习出版社，2021，第 131-132 页。

控能力的基础，真正能让这一套体系和制度起到应有作用的，还是整体的协调、操作能力。因此，习近平总书记提出增强社会治安防控体系的整体性、协调性、精准性，强调的就是社会治安防控体系的执行力，这是将制度优势转化为治理效能的关键环节。

整体性与协同性强调的是多元治理主体之间的有机联结与协同合作，以期达到整体效能的最大化。"整体"不是全部，不是量的叠加，而是具有整体性的协同。在治理实践中，人人有责不等于让所有人都负责，所有人都负责的结果就是没有人负责。因此，要建设既强调多元治理，又强调统一领导、统一运作的防控体系。要在多元主体的基础上，明确主体责任，着重突出一体化运作，形成问题联治、工作联动、平安联创的工作机制，注重力量统筹、程序对接和资源共享、条块互补，努力实现政府、社会、市场等各种信息资源的整合、共享，提升整体性和协调性。

精准性是针对治理手段与治理对象而言的。精准性主要依赖大数据的运用。大数据在数据应用上有两个根本性的变革：一个是用全部数据代替抽样采集，这就提升了数据的可信度和精准度；另一个是用相关关系代替因果关系，结果比运用因果关系更好实现预测。因此，运用大数据可以在社会治理中提升科学决策能力、精准打击能力和治安防控能力，同时可以加强对社会治安动态和热点问题、敏感问题的分析预测，实现更精准的防控和更精细的治理。从这一层面上讲，完善社会治安防控体系，是一项在动态化、信息化条件下提高驾驭社会治安局势能力的基础工程。目前，我国在这些方面已经取得了一定成就，并持续进行着积极努力——以国家人口基础信息库为依托、各部门特色分类数据库为中心的大数据基础工程已经启动；以居民身份证号码为基础的信任制度已经着手落实；将实名制作为对公民的一切活动进行有效管理和对社会各类问题进行有效防控的基本依托的工作也正在推进。

完善社会治安防控体系，就是树立整体效能理念，立足整体防控、协同防控、精准防控，建立健全平安中国建设协调机制，提高预测预警预防各类风险能力。

第三节　健全公共安全体制机制

公共安全关系人民群众的生存安全，主要是指事故灾难、公共卫生事件、社会安全事件、自然灾害等“天灾人祸”式的生存威胁。2015 年 5 月 29 日，习近平总书记主持中共中央政治局就健全公共安全体系进行的第二十三次集体学习时强调：“公共安全连着千家万户，确保公共安全事关人民群众生命财产安全，事关改革发展稳定大局。”[①] 建设更高水平的平安中国，就要有更高水平的公共安全。因此，各级党委政府和相关部门要牢固树立安全发展理念，自觉把维护公共安全放在维护最广大人民根本利益中来认识，扎实做好公共安全工作，努力为人民安居乐业、社会安定有序、国家长治久安编织全方位、立体化的公共安全网。

一、坚持人民利益至上

人民性是马克思主义最鲜明的品格。始终同人民在一起，为人民利益而奋斗，是马克思主义政党同其他政党的根本区别。习近平总书记强调：“始终代表最广大人民根本利益，保证人民当家作主，体现人民共同意志，维护人民合法权益，是我国国家制度和治理体系的本质属性。”[②] 纵观党的历史，无论是干革命还是搞建设、抓改革，中国共产党始终走在为人民谋利益的道路上。在社会治理领域的公共安全问题上，我们也要将人民利益至上的最高价值准则贯彻始终。

公共安全的第一个问题是安全生产，而安全生产的要求就是一手抓生产一手抓安全。生产是社会主义物质文明发展的基础，社会主义需要发展生产，这是赋予人民更多实质性生存和发展权利的条件，但同时我们强调，抓生产决不能以人民生命安全为代价。社会主义生产的目的与资本主义的目的不一样，我们的目的是更加注重整个社会财富的增加，而资本主义的目的则是更多私人资本的积累。马克思、恩格斯早就深刻揭示了资本主义生产关系的剥削本质：在资本的逻辑下，劳动者是资本增殖的工具；

---

① 《牢固树立切实落实安全发展理念　确保广大人民群众生命财产安全》，《人民日报》2015 年 5 月 31 日。

② 习近平：《习近平谈治国理政》第 3 卷，外文出版社，2020，第 123 页。

资本增殖的基本方式就是在生产过程中尽可能地榨取劳动者的剩余价值。结果，资本在实现快速积累的同时，劳动者日益贫困，而且日益被资本力量所强制。资本主义将安全生产事故和劳动者的死亡问题简化为一个概率问题，并早已将之计算在生产成本之中。虽然资本主义也有可能关心劳动者的安全，但这在本质上仍是为了节约成本和免除社会责任。在国际层面上，资本主义还放任重度污染或事故频发的企业在第三世界国家肆无忌惮地进行生产，利用弱国法律的缺失来逃避责任。此外，资本主义为了提高生产效率，会不断运用新科学、新技术或者新的组织形式，并利用所谓的“科学统计数据”或“潜在的副作用”来消解由此带来的安全风险或隐患，唯恐影响“生产的进步”。也就是说，安全隐患在资本主义生产体系中总是能够堂而皇之地找到合理性和正当性论证，而劳动者的安全总是被放在资本增殖的后面。

在社会主义社会，生产固然重要，但生产不是目的，而是手段。财富生产是通过创造和积累社会财富，取之于民、用之于民，不断提升人民的安全感、获得感和幸福感。毋庸讳言，在改革开放之初，由于生产阶段与生产理念的限制，我国曾出现过一些黑心资本对劳动者进行无情的压榨，也曾发生过一些非常悲惨的生产事故。但党和国家迅速警觉，并将安全生产提上日程。1980 年 5 月，经国务院批准，由国家经委、国家建委、国防工办、国务院财贸小组、全国总工会和中央广播事业局等十个部门共同作出决定：在全国开展安全生产月活动，并将时间确定为每年 6 月，由此开始了全民安全生产教育。2005 年十六届五中全会，党中央将安全发展放到了与节约发展、清洁发展、可持续发展同等重要的位置，加速了安全生产制度化进程，并逐步将安全生产纳入经济发展和社会进步的总体战略之中。十八大以来，习近平总书记更是高度强调安全生产问题，他要求各方要有红线意识，注重安全生产责任体系建设，督促加快安全监管方面改革创新，号召领导干部要敢于担当。他指出：“安全生产必须警钟长鸣、常抓不懈，丝毫放松不得，否则就会给国家和人民带来不可挽回的损失。”①

另外，在风险社会，公共安全的最大挑战便是各种不可预知的天灾人祸，而针对天灾人祸的应急管理必须始终将人民的生命财产安全放在首位。天灾人祸是伴随人类文明始终的客观事物。人类文明发展至今，虽然

① 习近平：《认真吸取教训注重举一反三 全面加强安全生产工作》，新华网，2013 年 11 月 24 日。

应对天灾人祸的能力在不断进步，但天灾人祸的影响面和破坏力也随着全球化进程和世界普遍交往体系的建立而不断加剧。对于任何一个国家和社会来说，面对天灾人祸的发生，能不能第一时间预警和救援、是否有足够的救援物资、能否拿出切实有效的灾后重建措施等，都是考验国家治理能力的大难题。但是在国家治理的具体问题和具体手段形成之前，“为什么要这么做”的前提性思考和价值抉择更是关键。在2020年新冠肺炎疫情肆虐全球之际，各国政府都拿出了各自的治理策略和方案。但是，只有中国迅速控制住了本土疫情，而一直被视为文明标杆的西方发达国家却陷入疫情持续扩散的困境中。其中最重要的原因，就是只有中国真正将人民的生命健康放在最高位置，不计经济与社会代价，坚决采取停工停产、居家隔离、免费收治新冠肺炎患者、各省市对口支援等一系列应对措施，使新冠肺炎疫情迅速得到有效控制。

与中国相比，西方发达国家从疫情一开始就出现了许多令人费解的操作，如鼓吹“群体免疫”、优先治疗年轻人、摘掉六十五岁以上老人的呼吸机、试图尽快复工复产，民众则为了“自由”抵制戴口罩、抗议隔离等。事实上，所有这些状况背后都有一个共同的逻辑，那就是资本的逻辑。在西方国家的抗疫策略上，保证经济稳定和资本利益是第一位的。而在具体的救治方案上，医疗物资的配置也要遵循“效用最大化”原则，年龄、种族和财富等方面被人为划分出的弱势群体势必被牺牲。“研究发现，美国贫富差距和新冠肺炎疫情导致的死亡率密切相关。纽约州的基尼系数最高，同时其死亡人数也最高。英国《卫报》网站2020年3月21日报道，疫情肆虐下美国富人优先进行新冠病毒检测，而低收入群体大多无法居家办公且不享有带薪病假，人们不得不为了维持生活使自己面临更大的感染风险。《洛杉矶时报》网站2020年5月8日报道，公共卫生官员指出，洛杉矶县低收入社区居民死于新冠肺炎的人数是其邻近富裕社区的三倍。盖洛普公司的一项调查显示，七分之一的美国成年人表示，如果自己或家庭成员出现新冠肺炎相关症状，将因为担心负担不起治疗费用放弃治疗。联合国极端贫困与人权问题特别报告员菲利普·奥尔斯顿指出，美国穷人正受到新冠肺炎病毒最严重的打击，更容易感染病毒，死亡率更高，而一个混乱的、注重企业利润的政府应对措施未能充分顾及他们的利益。”[①] 这一切都是因为西方社会是典型的“消费社会”，公众普遍被诱导超前消费，以满足资本无限扩张的需求；因疫情而隔离意味着失去工作，而失去工作则意味信用失效甚至破产，随之而来的便是失业和生存难以为继。因此，在资本主义社会，资本的逻辑支配着风险治理的逻辑，这是西方无法有效控制新冠肺炎疫情的根本原因。

二、完善落实安全生产责任和管理制度

新中国成立以来，特别是改革开放以来，是我国工业化、城市化加速发展的时期，同时也是安全事故频发的时期。在工业化和城市化建设的进程中，安全生产问题几乎涉及社会生产的方方面面：煤矿、非煤矿山、交通运输、建筑施工、危险化学品、烟花爆竹、民用爆炸物品、冶金等重点行业，甚至农业、园林领域，很多公共安全事故都发生在生产过程中。可以说，安全生产一头连着经济社会发展，一头系着人民生命财产安全。因此，要坚决完善落实安全生产责任和管理制度，建立健全公共安全隐患排查和安全预防控制体系。

首先，安全生产要坚持安全第一、预防为主、综合治理的方针，守住劳动者生命安全的“红线”。安全生产的首要目的就是要保护劳动者在生产过程中的安全，尽可能地减少和杜绝人员的伤亡。“人命关天，发展决不能以牺牲人的生命为代价。这必须作为一条不可逾越的红线。”[②] 这是习近平总书记的重要指示，也是我们党和政府以人为本的执政本质和以人民为中心的发展观在生产领域的具体体现。2020 年 4 月初，在新冠肺炎疫情取得阶段性成果，全国正处于复产复工的关键节点，习近平总书记又做出重要指示：“各级党委和政府务必把安全生产摆到重要位置，树牢安全发展理念，决不能只重发展不顾安全，更不能将其视作无关痛痒的事，搞形式主义、官僚主义。”[③]

其次，保证安全生产，必须完善和落实安全生产责任和管理制度，建立公共安全隐患排查和安全预防控制体系。2002 年 6 月 29 日，中华人民

---

① 《2020 年美国侵犯人权报告》，国务院新闻办公室，2021 年 3 月 24 日。http://www.xinhuanet.com/2021-03/24/c_1 127 250 192.htm

② 本报评论员：《发展决不能以牺牲生命为代价》，《人民日报》2013 年 6 月 14 日，第 1 版。

③ 《绝不能只重发展不顾安全》，《人民日报》（海外版）2020 年 4 月 11 日，第 1 版。

共和国第九届全国人民代表大会常务委员会第二十八次会议通过了《中华人民共和国安全生产法》，为加强安全生产工作，防止和减少生产安全事故，保障人民群众生命和财产安全，促进经济社会持续健康发展提供了法律保障。此后，随着经济社会的发展和安全生产实践的变迁，《中华人民共和国安全生产法》经过两次修改，在 2014 年的最新版本中明确了国家、企业和个人的权责以及安全生产过程中的监督、应急救援和调查处理的管理规定。落实安全生产责任制度，有利于增强安全意识，理清各自职责，保证相关责任人的履职效果。在实践中，实现安全生产制度化，就要明确各级领导、职能部门、监管部门、工程技术人员、岗位操作人员在劳动过程中对安全生产所承担的任务，各司其职、各尽其责。“坚持党政同责、一岗双责、失职追责制度，落实企业安全生产主体责任和政府安全生产监管责任，严格实行管行业必须管安全、管业务必须管安全、管生产经营必须管安全和谁主管谁负责的原则。”[①] 严格实行生产安全事故责任追究制度，实行重大隐患治理逐级挂牌督办和整改评价制度，保障依法制定的安全生产国家标准或行业标准被严格执行。

居安思危才能临危不乱，才能防患于未然。随着党和政府对安全生产问题的重视、安全生产相关法律制度的健全以及全社会对安全生产理念的认同，我国的生产安全有了长足进步。仅就事故死亡人数而言，已从 2002 年的 14 万，稳步下降到了 2019 年的 2.5 万。2019 年，我国安全生产事故总量、较大事故和重特大事故实现了“三个继续下降”：工矿商贸企业就业人员 10 万人生产安全事故死亡人数 1.474 人，比上年下降 4.7%；煤矿百万吨死亡人数 0.083 人，下降 10.8%。道路交通事故万车死亡人数 1.80 人，下降 6.7%[②]。面对这样的成绩，我们仍要时刻守住安全防线，因为安全来源于长期警惕，而事故来源于瞬间麻痹。在新时代，安全生产要充分运用高科技与信息化手段，鼓励和支持安全生产相关的科技研究和成果应用，切实提高安全生产水平；要加强典型宣传、隐患曝光，采用知识普及、有奖举报等方式，创新管理方法、增加监管途径、多渠道多举措落实

---

① 本书编辑组编《党的十九届四中全会〈决定〉学习辅导百问》，党建读物出版社、学习出版社，2019，第 134 页。

② 邱海峰、叶子：《前 5 月生产安全事故总量下降 16%》，《人民日报》（海外版）2019 年 6 月 14 日，第 3 版。

安全生产责任，突出重点行业领域问题整改，增强人民群众获得感、幸福感、安全感。

三、优化国家应急管理能力体系建设

我国幅员辽阔、人口众多，自然灾害严重，各类社会安全问题、公共卫生事件频发。因此，加强应急管理体系和应急管理能力建设，是一项紧迫而又长期的任务。自然灾害和突发事件我们很难预测，但有效提高国家应急管理能力体系建设，推动应急管理从静态、职能管理向动态、综合管理转变，从灾害应对向风险管理转变，就能帮助我们提高防灾救灾减灾能力，将人民生命和财产损失降到最低。

首先，要坚持政府主导、分级管理，建立统分结合、职责清晰、协调有力，运转高效的应急管理运行机制。应急管理是国家治理体系和治理能力的重要组成部分。“备豫不虞，为国常道”。在天灾与人祸面前，国家的统一指挥和综合协调能力至关重要。国家的统一指挥有利于应急机制快速制动，有利于应急体系的顺畅运行，有利于救援科学有序、提升精准度和效率，更有利于动员全社会的力量广泛参与。2018 年，为了适应新形势，构建统一指挥、专常兼备、反应灵敏、上下联动的应急管理体制，优化国家应急管理能力体系，中华人民共和国应急管理部正式成立。该部自组建以来运行良好，2018 年全国自然灾害死亡失踪人口、倒塌房屋数量和直接经济损失同比近五年来平均值分别下降 60%、78%、34% [①]。

统一指挥的优势就在于上下联动和综合协调。因此，合理有效的分级管理是应急管理能力的重要体现。一般情况下，我国实行以属地管理为主的自然灾害应急管理体制，执行分级负责的原则。根据突发事件的严重性、可控性、所需动用的资源、可能的影响范围等因素，启动相应的应急预案。一般性灾害由地方各级政府负责，应急管理部代表中央统一相应支援；发生特别重大灾害时，由中央指定的负责同志组织应急处置工作，保证政令畅通、指挥有效。在安全事故面前，要同时完善部门协同、上下联动、社会参与、分工合作的防灾减灾救灾机制，形成有效应对危机的强大合力。

---

① 《2018 年中国安全生产事故总量、较大事故、重特大事故同比实现“三个下降”》，中国新闻网，2019 年 1 月 22 日。

其次，要建立法规标准健全、政策保障有力、社会广泛参与、科技深度应用的支撑保障体系。应急管理是一项复杂的系统工程，包括救灾准备、应急救助、灾后救助、恢复重建等多个环节，还需要各环节的有序衔接，没有法律的规范和制度的规约就无法保证应急管理的有序进行和时效性，没有社会的广泛参与就无法保证应急管理的完备性和有效性，没有科技的深度应用就无法与时俱进，提升应急管理的精准性。面对事故、灾难，要依法管理，系统梳理和修订应急管理相关法律法规，加强安全生产监管执法工作，运用法治思维和法治方式提高应急管理的法治化、规范化水平。要加强制度建设，从风险评估、监测预警到物资储备、调运、接收、发放、回收，再到救灾应急社会动员机制，应急管理的每一步都应该政策到位、有章可循。同时，要坚持群众观点和群众路线，坚持社会共治，积极推进安全风险网格化管理，把各方面力量充分调动起来，筑牢防灾减灾救灾的人民防线。最后，强化应急管理装备技术支撑，优化整合各类科技资源，推进应急管理科技自主创新，依靠科技提高应急管理的科学化、专业化、智能化、精细化水平。

再次，要建设一支专常兼备、反应灵敏、作风过硬、本领高强的应急救援队伍。无论多么周密的安排部署，多么严谨的救援计划，最终都要落实到人身上。应急管理具有高负荷、高压力、高风险的特点，因此，优化国家应急管理体系，要在队伍建设和人才培养上下功夫。采取多种措施加强国家综合性救援力量建设，强化应急救援队伍战斗力建设，大力培养应急管理人才。抓弱项、补短板，切实提高各类灾害事故救援能力。另外，应急救援队伍危险性高、奉献多、牺牲大，社会各方面都要关心支持这支队伍，提升职业荣誉感和吸引力。以新冠肺炎疫情为例，“逆行者”的个人选择通过政府、媒体的宣传上升为社会选择，提升了医生、科研人员和其他防疫相关行业的职业魅力，为医疗安全事故的应急管理队伍建设提供了上升的空间。

最后，加强应急管理体系和能力建设，必须拧紧责任链条。防灾减灾，人命关天；应急管理，责重泰山。只有严格落实责任制，各级党委和政府才能切实担负起促一方发展、保一方平安的政治责任；要建立健全重大自然灾害和安全事故调查评估制度，对玩忽职守造成损失或重大社会影响的，依纪依法追究当事方的责任；要发挥好应急管理部门的综合职能和各相关部门的专业优势，衔接好“防”和“救”的责任链条，确保责任链条无缝对接，形成整体合力，为维护人民生命财产安全和社会长治久安提供更加有力的保障。

三、加强和改进食品药品安全监管制度

食品药品安全问题是一项重大的民生问题，直接关系着人民群众的身体健康、生命安全和社会的和谐稳定。三聚氰胺奶粉、瘦肉精猪肉、苏丹红鸡蛋、地沟油、染色馒头、镉大米、毒生姜、吊白块腐竹以及假冒伪劣药品、毒胶囊、假疫苗等关键词，不断刺痛人们的神经，引发了公众对食品药品安全问题的热议和担忧，进而造成公众对政府是否充分履职履责的质疑。食品药品安全问题的出现，是市场调节失灵的情况下，法律约束缺失、政府监管缺位、公民道德失范的后果，因此，解决食品药品安全问题也要“三管齐下”，切实保障人民身体健康和生命安全。

从社会治理层面上讲，要完善食品药品安全标准体系，加强食品药品安全法律制度建设。随着改革开放的深入和市场经济的发展，国家对食品药品安全日益重视，相关法律制度也在逐渐完善。1995年，我国颁行了《中华人民共和国食品卫生法》，在此基础上，2009年十一届全国人大常委会第七次会议通过了《中华人民共和国食品安全法》，并随着实践的发展对其进行了多次修订。2006年，出台了《中华人民共和国农产品质量安全法》，对农产品的产地、生产、包装和标识进行了严格规定。从制度层面来说，国家卫生部门先后会同有关部门制定了《食品安全风险评估管理规定》《食品安全风险监测管理规定》等制度。为确保老百姓“舌尖上的安全”提供了法律保障。

其次，从政府角度来说，要加强和改进食品药品安全监管。当前，随着食品安全方面立法的深入和执法的逐渐严格，我国的食品药品安全有了极大的改善，但仍然有一部分食品、药品企业恶性降低成本、一味追求利润，不顾人民健康和生命安全，失去了应有的道德底线。因此，解决食品药品安全问题，除了法律的健全还需要制度的设定和运作程序的畅通。要坚持源头防治、过程严管、风险严控，提升食品药品安全监管机构的统一性和权威性，建立食品原产地可追溯制度和质量标识制度，形成全过程追踪的食品药品安全监管制度。要抓住重点环节，实施全面覆盖，深入持久

地开展食品药品放心工程，推进食品药品安全信用体系建设，提高食品药品诚信水平，进一步理顺食品药品安全监管职能，做好食品药品安全宣传工作，形成全社会普遍关注、参与监督的良好舆论氛围。要用最严谨的标准、最严格的监督、最切中要害的处罚、最严肃的问责，守护人民群众“舌尖上的安全”。强化政府对食品药品安全的监管责任，对食品药品实施有效的统一监管。要落实食品药品安全中的主体责任，建立让生产经营者真正成为食品药品安全第一责任人的有效机制。

第三，坚持以人民为中心的发展理念，强化消费者权益保护的观念。事实上，无论维护哪一方面的公共安全，都要倡导共建共治共享的基本理念和原则。习近平总书记强调：“要坚持群众观点和群众路线，拓展人民群众参与公共安全治理的有效途径。”① 加强食品药品安全风险监测评估预警，需要健全多渠道投诉举报和突发事件快速反应机制，提升人民群众主体地位和社会公共生活的参与度。要把公共安全教育纳入国民教育和精神文明建设体系，加强安全公益宣传，健全公共安全社会心理干预体系，积极引导社会舆论和公众情绪，动员全社会的力量来维护公共安全。

第四节 完善国家安全体系

国家安全是安邦定国的重要基石，维护国家安全是全国各族人民根本利益所在。《中华人民共和国国家安全法》第二条首次对国家安全作出界定：“国家安全是指国家政权、主权、统一和领土完整、人民福祉、经济社会可持续发展和国家其他重大利益相对处于没有危险和不受内外威胁的状态，以及保障持续安全状态的能力。”② 国家安全问题是由专门的国家权力机关来负责保障的。但是，在诸多矛盾叠加、各类隐患增多的风险社会，越来越多的国家安全问题在整个社会中弥漫性、隐蔽性地存在。因此，许多方面的国家安全问题就落到了社会治理领域，同人民群众的日常活动密切关联起来。从社会治理的角度来处理的国家安全问题，就是要强调国家安全必须依靠国家和社会、政府和群众携手合作，贯彻落实共建共

① 中共中央文献研究室编《习近平关于社会主义社会建设论述摘编》，中央文献出版社，2017，156页。

② 《中华人民共和国国家安全法》，中国法制出版社，2015，第3页。

治共享原则，使广大人民群众广泛参与进来，共同构筑国家安全防线。

一、坚持总体国家安全观

维护国家安全，首先就要坚持总体国家安全观，统筹发展和安全，坚持人民安全、政治安全、国家利益至上有机统一，统筹推进各领域国家安全工作，走中国特色国家安全道路。总体国家安全观突出的是大安全理念，强调的是做好安全工作的系统思维和方法。

十八大以来，习近平总书记站在国家发展和民族复兴的战略高度，准确把握国家安全的新特点新趋势，提出了总体国家安全观的重大战略思想，为新形势下维护国家安全确立了重要遵循。习近平总书记指出："当前我国国家安全内涵和外延比历史上任何时候都要丰富，时空领域比历史上任何时候都要宽广，内外因素比历史上任何时候都要复杂，必须坚持总体国家安全观，以人民安全为宗旨，以政治安全为根本，以经济安全为基础，以军事、文化、社会安全为保障，以促进国际安全为依托，走出一条中国特色国家安全道路。"① 党的十九大将坚持总体国家安全观纳入新时代坚持和发展中国特色社会主义的基本方略，并写入党章。坚持总体国家观适应了新时代伟大斗争的新要求，回应了人民对国家安全的新期待，顺应了世界发展的新趋势，回答了我国如何维护和塑造国家安全的一系列问题，标志着中国共产党对国家安全基本规律的认识上升到一个新的高度。

坚持总体国家观，要统筹安全和发展两件大事，增强忧患意识，做到居安思危，这是党治国理政的一个重大原则。发展是安全的基础和目的，没有发展就没有安全，建立在发展基础上的安全才更可靠、更可持续。中国革命和建设的实践多次证明，落后就要挨打，只有发展才会有真正的安全。同时，安全又是发展的条件和保障，为发展提供和谐、稳定的内外环境，只有国家安全和社会稳定，改革发展才能不断推向前进。坚持总体国家观，就是要统筹发展与安全，善于运用发展成果筑牢国家安全的基石，也善于营造有利于经济社会发展的安全环境，促进经济社会的进一步发展。

坚持总体国家观要坚持人民安全、政治安全、国家利益至上的有机统

① 习近平：《在中央国家安全委员会第一次会议上的讲话》，《人民日报》2014 年 4 月 16 日。

一。人民安全是国家安全的宗旨，政治安全是国家安全的根本，国家利益至上是国家安全的准则。保障人民安全就是以人民为中心，维护人民根本利益，保障人民当家作主的各项权利，保障人民生命财产安全，为人民创造良好的生存环境、发展空间。《中华人民共和国国家安全法》第十六条规定："国家维护和发展最广大人民的根本利益，保卫人民安全，创造良好生存发展条件和安定工作生活环境，保障公民的生命财产安全和其他合法权益。"政治安全是党和国家安全的生命线，是不可动摇的底线。政治安全的核心是政权安全和制度安全，最根本的就是要维护中国共产党的领导、维护中国特色社会主义制度，维护习近平总书记党中央的核心、全党的核心地位，维护党中央权威和集中统一领导。国家利益至上就是要把国家利益作为制定国家安全战略的出发点，坚决捍卫国家利益。只有三者有机统一，才能实现人民安居乐业、党的长期执政和国家的长治久安。

二、完善国家安全体制机制

国家安全体系是贯彻落实总体国家安全观、掌握维护国家安全主动权的总抓手。当前，我国面临对外维护国家主权、安全、发展利益，对内维护政治安全和社会稳定的双重压力，各种可以预见和难以预见的风险因素明显增多。因此，要健全国家安全体系，完善集中统一、高效权威的国家安全领导体制，健全国家安全法制体系，提升国家安全能力，建立健全国家安全风险研判、防控协同、防范化解机制。

首先，完善集中统一、高效权威的国家安全领导体制。过去的国家安全体制受历史条件和诸多因素的影响，很多问题的处理都具有单一性与临时性，缺乏整体性和协调性，所以效果不甚理想。2013 年 11 月，党的十八届三中全会决定成立国家安全委员会，并由习近平总书记亲自兼任委员会主席，为加强对国家安全工作的领导搭建了一个强有力的平台，强化了党对国家安全实施的绝对领导。各地区也同时建立健全了党委统一领导的国家安全工作责任制，强化维护国家安全责任，守土有责、守土尽责。在国家安全委员会统一的指导和协调下，外交、安全、军队和公共系统等各系统、各部门，从中央到地方、从政府到企业分类分层的安全机构都能够接受中央的统一部署和要求，共同应对国家内政外交的安全挑战。这既填补了安全保障的空白，也避免了职能重叠，让各地区各部门能够各司其职、相互配合，从整体上完善了国家安全的体制机制。

其次，要健全国家安全法律制度体系。1993 年，我国制定了第一部国家安全法。随着时代的进步，我们的国家安全法律体系日臻完善。目前，我国出台的涉及国家安全的法律法规超过 200 部，针对各种国家安全问题的专门法规数十部，从《宪法》到《刑法》《反恐怖主义法》《反间谍法》《反分裂国家法》《网络安全法》《国家安全法》《民族区域自治法》等等，基本上囊括了国民安全、区域安全、资源安全、经济安全、社会安全、政治安全、主权安全、文化安全、科技安全、生态安全、信息安全等国家安全的方方面面。可以说，以《国家安全法》为核心的国家安全法律体系已经基本形成。但是，立法的需要和维护国家安全的需要必须与时俱进。当前国家安全还面临许多新情况：一方面，随着科技水平的进步，人类在宏观和微观两个方向上越走越远，许多领域的研究也已经跨越了科学的界限，达到了政治的、国家安全的层面，比如太空、深海、极地，比如生物、电磁等等，而在这些方面，我们的安全立法还尚有欠缺。另一方面，随着时代的进步，原有的一些安全领域的立法阶位较低，法律约束力不强或者操作性不强，已经有了进一步完善的必要。因此，我们还需要立足世情、国情与社情，进一步完善国家安全法律体系，不断夯实国家安全的法律防线。

最后，要建立健全国家安全风险研判、防控协同、防范化解机制。国家安全风险研判有利于预防重大安全问题，维护国家安全、社会稳定。从宏观层面来说，政府可以根据政局稳定情况、社会安全形势、经济形势、社会骚乱情况等因素对国家安全形成基本判断，以做出利于国家安全、人民安全和社会利益的决策；微观层面来讲，各地区、各部门、涉及国计民生的重大项目执行单位都要按照规定进行国家安全风险研判，防范各种形式的安全风险。防控协同要从领导体制和工作机制入手。目前，我国已经明确了中央国家安全委员会和地方各级党委在重大风险防范化解中的职责作用，能够确保在国家安全委员会的领导下联合所有政府部门来共同解决安全问题。同时，强化了以政治安全工作协调机制为牵引，统筹各领域国家安全的工作协调机制。基本形成了涵盖风险研判、防控协同、防范化解在内的风险防控机制体系，确保国家安全、社会稳定。

三、加强国家安全人民防线建设

随着中华民族的伟大复兴，国家所面临的外部环境日益复杂，内部风险有增无减，确保国家安全责任重大。社会主义国家，国家一切权力属于人民。国家安全的根基在人民，力量在人民，强化国家安全就要提升全民安全意识，筑牢国家安全的人民防线。2016年国家安全日，习近平总书记强调："国泰民安是人民群众最基本、最普遍的愿望。实现中华民族伟大复兴的中国梦，保证人民安居乐业，国家安全是头等大事。要以设立全民国家安全教育日为契机，以总体国家安全观为指导，全面实施国家安全法，深入开展国家安全宣传教育，切实增强全民国家安全意识。要坚持国家安全一切为了人民、一切依靠人民，动员全党全社会共同努力，汇聚起维护国家安全的强大力量，夯实国家安全的社会基础，防范化解各类安全风险，不断提高人民群众的安全感、幸福感。"①

新时期的国家安全人民防线，是指在各级党委、政府的领导下，通过宣传、动员、组织有关社会力量，同专门机关配合所形成的综合防卫体系。可以有效防范和打击间谍情报机关和其他敌对势力的渗透、颠覆、分裂和破坏，特别是情报窃密、勾连策反、心战谋略等活动。构建国家安全人民防线，工作量大、涉及面广，因此首先要加强党的领导，推进各级党委政府、企业、学校和相关部门的全面参与，并制定工作机制保障其有效运行。还要提升参与部门、企业和个人的使命感、责任感和身份认同，促进各方协调、优势互补。其次，要从提升全体公民的安全意识着手。每年的全民国家安全教育日都是一次安全教育的良好契机，提醒每一位公民要细照笃行习近平新时代中国特色社会主义思想，增强"四个意识"，坚定"四个自信"，牢牢把握党和国家事业发展的大方向、大原则、大战略，自觉把"两个维护"落实到投身伟大斗争的具体工作中，积极参与国家安全的人民防线建设。只有广大群众同心聚力，广泛参与，国家安全的人民防线才会真正落到实处、细处。

目前，我国国家安全的人民防线建设已经取得了一定成效。一系列国

---

① 《习近平在首个全民国家安全教育日之际作出重要指示》，《人民日报》2016年4月15日，第1版。

家安全法律的制定为公民维护国家安全树立了标杆；国家安全领导机构的设置，为群众广泛参与国家安全保护提供了组织保障和行动指导；以国家安全日为核心的国家安全教育、宣传提升了公民的国家安全意识和国民身份的认同，并对国家安全形成了感性认识，提升了防范能力。但在取得好成绩的同时，我国的国家安全人民防线建设还有进一步提升的空间。部分地方和企业在具体工作中搞形式主义，工作落实不到位，人民防线停留在书面上而不是实践中；群众对国家安全的认识不到位，部分群众对敌对势力抱有不切实际的幻想，防范意识不强等问题还需要不断改善。

建设国家安全人民防线要体现在防范化解风险的实际行动上，要切实增强安全意识，坚定维护行动，提高维护能力，以确保维护效果。增强国家安全意识，不能仅仅从内涵上了解国家安全，更要从外延上明确危害国家安全的敌对行动。意识形态渗透、宗教极端主义、恐怖主义、网络安全、间谍行动等等，敌对势力分裂我国的手段越来越多样，方式越来越隐蔽，加强国家安全人民防线建设，就要提高全体人民的政治敏锐性和鉴别力，严密防范来自敌对势力的渗透、破坏和颠覆。维护行动也不仅仅要停留在口头上，而应该有所作为，要构建完善的人民防线体系，让爱国群众找到组织、方便咨询；要加强宣传、教育、组织，实现公民的普遍参与、高质量参与。另外，还要提升维护能力，从组织、舆论、科技投入上全面提升国家安全人民防线建设的能力，利用新媒体高科技扩大宣传、提升战斗力，构筑全方位维护国家安全的铜墙铁壁。

四、坚决防范打击破坏国家安全的敌对行动

和平与发展虽然早已成为时代的主题，但“国家安全”和“敌对行动”这样的概念我们也决不可忘记。2012 年，党的十八大报告首次提出，发展中国特色社会主义是一项长期的艰巨的历史任务，必须准备进行具有许多新的历史特点的伟大斗争。2017 年，习近平总书记在 7·26 重要讲话中首次阐释了“四个伟大”，并将伟大斗争列为第一位。习近平总书记所强调的伟大斗争内涵丰富，而坚决防范打击一切破坏国家安全的敌对行为无疑是题中应有之意。

国家安全问题本质上是阶级斗争问题。诚然，我国社会主要矛盾已经

发生变化，一个阶级推翻另一个阶级的斗争的条件已经不复存在，但并不是说，阶级斗争就已经完全消灭，2018 年修正的《中华人民共和国宪法》载明："阶级斗争还将在一定范围内长期存在。中国人民对敌视和破坏我国社会主义制度的国内外敌对势力和敌对分子，必须进行斗争。"新修改的《中国共产党章程》也指出："由于国内的因素和国际的影响，阶级斗争还在一定范围内长期存在，在某种条件下还有可能激化，但已经不是主要矛盾。"也就是说，和平年代并不是没有斗争，只是斗争形式、斗争内容发生了变化。国家安全之斗争主要表现为意识形态斗争。2010 年，英国学者特里·伊格尔顿发表著作《马克思为什么是对的》，认为："马克思主义运动的精髓就在于它的国际性。这是冷静的唯物主义认识，而不是虔诚的理想主义。"① 可以说，无论对马克思主义还是社会主义，作者都没有表现出任何恶意，但这样的一句描述，可以让我们从一个侧面了解西方国家对于红色信仰的态度，所谓的"国际性"正代表着西方社会普遍的关切和担心，更被不怀好意的敌对势力演绎为意识形态甚至革命的输出。这也就不难理解，为什么在 2020 年初，全球疫情大规模暴发的关键时刻，西方敌对势力可以无视中国的努力和付出，而选择质疑、打击甚至围堵。在疫情面前，习近平总书记提出的"人类命运共同体"理念显然是应对问题的最佳方案，但却阻止不了来自很多西方国家的零和博弈思维。在面临重大风险时，人类命运休戚与共，但很多人却选择在国家间的博弈和意识形态之争中消耗宝贵的资源和时间。如果在这样的情况下，我们还抱有幻想，不能认清现实，积极应对，那么国家的损失将是巨大的。

事实上，随着和平年代的持续和国际合作的一步步深入，阶级意识在很大程度上被消解。在国内，由于社会的主要矛盾发生变化，很多人都淡化了对阶级的认识。在国际上，由于全球经济的发展，阶级分化在很多地区的很多方面已经并不明显。这些都成为包括一些学者和党政机关干部在内的很多人，对"国家安全"这一重要防线放松了警惕的重要原因。然而，随着综合国力的不断增强和国际战略格局的深刻变化，我国的国家安全受到的威胁越来越大，敌对势力从无形到有形，渐渐从幕后走到了台前，近年来，来自"港独"分子的压力，来自西方社会的质疑，来自网络

---

① 特里·伊格尔顿：《马克思为什么是对的》，李杨、任文科、郑义译，新星出版社，2011，第 21 页。

的意识形态攻击，一次又一次刷新大众对敌对势力的认知，也让我们以更加审慎的态度对待国家安全。应当明确，在新时代，“国家安全”的范围早已不限于“保卫国家不受侵略”这样传统的国土安全，而是拓展到了经济、社会、生态、网络、科技等方方面面。

目前威胁我国国家安全的因素包括宗教极端势力、境外间谍组织、恐怖组织、分裂分子等。很多宗教极端势力打着宗教的旗号实现其政治意图，对我国实施“西化”“分化”“和平演变”。境外间谍情报机关则运用各种方法和手段，策反我境内人员，刺探、窃取、收买国家秘密，开展各种渗透破坏活动，对我国安全利益造成了严重危害。恐怖组织通常以歪曲宗教教义或者其他方法煽动仇恨、煽动歧视、鼓吹暴力，制造恐怖氛围，煽动恐怖活动，威胁人民生命财产安全。分裂分子相互勾结、挟洋自重，诱导大众，威胁中国的和平稳定。境外敌对势力也会借由互联网攻击、侵入、干扰、破坏我国的关键信息基础设施，对我们的安全工作提出了重大挑战。在信息化时代，这些渗透和分裂活动又往往借由互联网传播、实施，其行动的灵活性、隐秘性也成倍提高。

新时代以来，在总体国家安全观的思想指引下，党和政府已做了大量工作。从国家层面来说，健全了适合新时代的国家安全体系，完善了相关法律法规，对一切破坏国家安全行为予以严厉的打击。2020 年，十三届全国人大民代表大会第三次会议上正式确定要建立健全香港特别行政区维护国家安全的法律制度和执行机制，之后又通过了《中华人民共和国香港特别行政区维护国家安全法》。党和国家对国家安全方面的制度设计日臻完善。

维护国家安全与每个人的切身利益密切相关，这不仅仅是军队和国家安全机关的事情，而是每一个公民都应尽的义务。作为中华人民共和国公民，我们要遵守宪法和法律法规关于国家安全的有关规定，保守所知悉的国家秘密，为国家机关提供便利或其他协助。一旦发现危害国家安全的情况和线索，应及时向国家安全机关举报。只有人人参与，人人负责，国家安全才能真正获得巨大的人民性基础，起到防范和严厉打击敌对势力渗透、破坏、颠覆、分裂的目的，切实推动全社会形成维护国家安全的强大合力。

第七章　加快完善网络空间治理

当今世界，互联网影响日益扩大，网络技术已经成为这个时代经济与社会发展的重要动力。网络技术不仅直接架构出电脑网络空间（Cyber Space，即赛博空间），而且也将现实社会演变成以网络化与信息化为基本特征的网络社会（Network Society）。这两个层面上的网络社会相互渗透、相互融合，全面而深刻地改变了人类的生产、生活和交往交互关系。近年来，我国互联网发展和治理不断开创新局面，但在维护网络安全、打击网络犯罪、净化网络生态等问题上还面临较大挑战。因此，要加快完善网络社会治理，积极参与全球网络治理，为中国特色社会主义伟大事业的顺利推进保驾护航，也为全世界各国人民在网络命运共同体中共享福祉而做出更大贡献。

第一节　建设网络强国

2014 年 2 月，习近平总书记在主持召开中央网络安全和信息化领导小组第一次会议时指出："网络安全和信息化是事关国家安全和国家发展、事关广大人民群众工作生活的重大战略问题，要从国际国内大势出发，总体布局，统筹各方，创新发展，努力把我国建设成为网络强国。"[①]2015 年，《中共中央关于制定国民经济和社会发展第十三个五年规划的建议》正式提出了实施网络强国战略和国家大数据战略，建设网络强国由此成为我国互联网发展的关键词。网络强国的建设是包括网络技术、文化、人才、信息基础设施、国际交流合作等多方面发展的系统工程。从社会治理的角度而言，网络强国的建设一是要坚持发展和安全相统一，不断提升我国网络安全保障能力；二是要注重国内网络治理与全球网络治理相协同，不断提升我国在全球网络治理中的话语权和影响力。

① 习近平：《习近平谈治国理政》第 1 卷，外文出版社，2018，第 197 页。

一、坚持发展和安全相统一

统筹发展和安全是习近平总体国家安全观的核心要义，也是我国数字化发展的指导原则。我国数字化产业与数字化经济已居于世界前列，但数字经济总体上是大而不强的。习近平总书记正确地认识到，“同世界先进水平相比，同建设网络强国战略目标相比，我们在很多方面还有不小差距，特别是在互联网创新能力、基础设施建设、信息资源共享、产业实力等方面还存在不小差距”[①]。他强调，“做好网络安全和信息化工作，要处理好安全和发展的关系，做到协调一致、齐头并进，以安全保发展、以发展促安全，努力建久安之势、成长治之业。”[②] 坚持发展和安全相统一，既要不断创新发展信息技术，夯实网络安全和国家安全的基石，也要不断提高风险安全意识，提升安全保障能力。

建设网络强国的核心就是要发展网络信息技术，而核心技术的自主创新是关键。中国在网络软件设备和网络核心技术等方面受制于人的状况，迫使我们必须加快技术自主创新，才能筑牢我国的网络安全防线，为国家治理和社会治理提供新载体、新平台。2016 年 10 月 9 日，习近平总书记在中共中央政治局第三十六次集体学习时强调，“网络信息技术是全球研发投入最集中、创新最活跃、应用最广泛、辐射带动作用最大的技术创新领域，是全球技术创新的竞争高地。我们要顺应这一趋势，大力发展核心技术，加强关键信息基础设施安全保障，完善网络治理体系。要紧紧牵住核心技术自主创新这个‘牛鼻子’，抓紧突破网络发展的前沿技术和具有国际竞争力的关键核心技术，加快推进国产自主可控替代计划，构建安全可控的信息技术体系。”[③]

在网络信息技术体系中，芯片或曰集成电路技术在信息技术体系中占据制高点。芯片的技术水平和发展规模也是衡量一个国家信息产业竞争力乃至国力的重要标志。我国的芯片产业经历了 60 余年的发展历程，至今仍未突破“缺芯少魂”的困境。近年来中兴、华为相继遭遇来自美国方面

① 习近平：《在网络安全和信息化工作座谈会上的讲话》，人民出版社，2016，第 10 页。

② 习近平：《习近平谈治国理政》第 1 卷，外文出版社，2018，第 198 页。

③ 习近平：《在十八届中央政治局第三十六次集体学习时的讲话（2016 年 10 月 9 日）》，《人民日报》2016 年 10 月 10 日，第 1 版。

的芯片、操作系统“断供”事件，就将核心技术受制于人的致命隐患暴露了出来。芯片技术包括芯片设计与芯片制造两个方面。据倪光南院士介绍，我国的芯片设计做得还不错，芯片设计公司数量是全球最多的，芯片设计水平也位列全球第二，仅次于美国。但我国在芯片设计工具 EDA（电子设计自动化工具）产业上还存在明显短板，目前主要依赖 3 家美国公司提供相关软件服务。我国的芯片制造能力尤为薄弱。芯片制造工艺烦琐复杂，并且需要 200 多种关键制造装备来完成，制造难度极大且造价十分高昂。芯片制造的领头企业大都来自美国、日本等国家。中国虽拥有华为海思、中芯国际等知名芯片设计和制造企业，但整个国家的芯片制造工艺装备和原材料大都依赖国外进口。就整体产业发展而言，我们可能需要一二十年才能追赶上国际先进水平①。

要尽快推进信息技术和信息产业创新发展，这离不开政府、市场、企业、高校或科研院所等各方携手合作、共建共享。政府要有长期的战略和规划，要发挥举国体制优势。因为信息技术产业的投入周期非常长，而其技术更迭又非常快，一般的企业都难以承受以利润为导向的市场和资本压力。只有从国家层面给予资金、政策等方面的支持，高新技术产业及其人才才能“板凳坐得十年冷”、通过不断努力奋斗踏实追赶上国际先进水平，甚至实现“弯道超车”。市场机制也要充分发挥起来，既为信息技术开发创新提供融资支持，也要作为信息技术成熟与否的“试金石”。新研发出来的核心技术和产品只有拿到市场去试错，接受市场竞争考验，优胜劣汰、优者愈优，才能不断提升用户满意度，获得市场竞争力和用户青睐。第三，要充分发挥高校或科研院所的人才资源优势，打造像美国硅谷那样的技术和产业集群高地。北京的中关村、武汉的光谷等都有这样的潜力。通过促进一流的研究机构和大学、诸多创业者、充裕的风险投资资本共同形成紧密合作的产学研一体化网络，实现人才、技术、资本、经营方面的强强联合，就有希望做出有中国特色的高新技术产业集群项目。

以发展促安全，以安全保发展，只有始终保持危机意识来应对网络化、信息化带来的风险挑战，才能捍卫来之不易的发展成果，并为经济社会进一步发展创造环境和条件。需要注意的是，安全问题本身就是不断发展变化的，这又动态地、持续地提出了信息技术革新必须更快、更强的要

① 《中美芯片产业差距多大？中国工程院院士倪光南给出答案》，《信息系统工程》2019 年第 8 期。

求。在互联网领域，没有任何一种措施或技术可以“以不变应万变”地抵御各种可能发生的安全风险。而信息技术自身的发展，例如人工智能、机器人、大数据、物联网等技术的出现，本身也会对网络安全技术提出新的挑战。“随着信息技术的发展，先后出现了物联网、智慧城市、云计算、大数据、移动互联网、智能制造、空间地理信息集成等新一代信息技术和载体，这些新技术和新载体都与网络紧密相联，伴随着这些新技术和新载体的发展而带来的新的信息安全问题，形成了隐蔽关联性、集群风险性、泛在模糊性、跨域渗透性、交叉复杂性、总体综合性等新特点。”① 对此，要不断加强完善网络安全的技术和措施创新，不但要坚持做好关键信息基础设施的安全保护和关键数据资源的安全保护，而且要高度重视并有针对性地提升人工智能、机器人、大数据、物联网等新技术的安全保障能力，鼓励更多的企业和人才加入到网络安全建设事业中来，坚决有力地守护国家安全和社会稳定。

二、积极参与全球网络治理

互联网技术迅猛发展对国家主权、安全、发展利益都带来新的挑战，并成为影响国家政治、经济、文化、外交等诸多领域的重大安全因素。习近平主席 2014 年 7 月在巴西国会发表的演讲中指出，虽然互联网具有高度全球化的特征，但每一个国家在信息领域的主权权益都不应受到侵犯，互联网技术再发展也不能侵犯他国的信息主权。中国在加强自身网络实力的同时，一直以积极负责的态度参与全球网络治理，主张在联合国框架下建立一个各国广泛参与的、公正的、合理的网络国际治理机构，并提出了构建网络空间命运共同体的中国方案。

在互联网和全球网络空间发展早期，即从 20 世纪 90 年代初到 21 世纪前十年，由于西方发达国家特别是美国在互联网的技术、能力、资源上掌握绝对优势，因此它们高喊互联网自由，绝口不提甚至否认国家主权在网络的适用。但这并不是说欧美国家自身淡化或放弃其在网络空间的主权，而是它们不允许其他国家用国家主权来反对或抵抗它们的网络霸权。这种互联网自由本质上是一种建立在欧美互联网霸权基础上的少数的、片

---

① 王世伟：《论信息安全、网络安全、网络空间安全》，《中国图书馆学报》2015 年第 2 期。

面的自由，这是对真正意义上的互联网自由和全球网络空间发展规律的扭曲。在这里，“真正起作用的还是‘丛林法’——网络能力决定网络权力”[①]。美国就因为掌握着互联网硬件、软件产品的核心生产技术，并控制着互联网名称与数字地址分配机构（The Internet Corporation for Assigned Names and Numbers，简称 ICANN[②]），从而享有绝对的网络霸主地位。美国不仅可以通过制定网络规则来确保本国在网络空间中分配财富的权力，而且“棱镜门”事件[③]也暴露了美国在全世界范围内实施了最大规模的网络监听和窃密行动。美国还借助脸书、推特等社交媒体向全世界特别是所谓的非民主地区传播其自由主义的意识形态，将互联网变为对这些地区或国家实施“颜色革命”“民主变革”的工具。

国际社会特别是发展中国家日渐意识到网络信息通信技术所造成的新的霸权与全球性不平等，谋求以新的合法治理形式来替代美国所主导的互联网管理制度。2003 年，突尼斯政府第一个建议召开信息世界峰会（WSIS），并在日内瓦峰会通过了一个一般性的行动计划，提出了互联网全球治理的基本理念：“互联网已经发展成为一个提供给公众的全球性设施，其治理应成为信息社会议程的核心问题。互联网的国际管理应当是多边的、透明的和民主的，各国政府、私营部门、民间社会和国际组织都能充分参与其中。它应当确保资源的公平分配，同时考虑到多国语言，以促进全面共享，并确保互联网稳定与安全地运行。”[④]面对非西方国家网络技术能力的逐渐发展和对互联网治理规则的挑战，欧美发达国家改弦更张，不再贩卖互联网自由的概念，而是联合起来建章立制，企图继续垄断网络空间的治理权力。2013 年 3 月，北约组织 20 多个国家的法律和技术专家

---

① 张尼：《专家：中国需提升网络空间全球治理话语权》，人民网 2015 年 10 月 13 日，http://gs.people.com.cn/n/2015/1013/c360 943-26 771 419.html.

② ICANN 成立于 1998 年 10 月，它是一个集合了全球网络界商业、技术及学术各领域专家的非营利性国际组织，负责在全球范围内对互联网唯一标识符系统及其安全稳定的运营进行协调，包括互联网协议（IP）地址的空间分配、协议标识符的指派、通用顶级域名（gTLD）以及国家和地区顶级域名（ccTLD）系统的管理、根服务器系统的管理。

③ 2013 年 6 月，由前美国防务承包商前雇员爱德华·斯诺登爆料称，美国国家安全局有一项代号为 " 棱镜 " 的秘密项目，大范围收集并监控国内和国际上普通公民和政要的网络和电话用户信息。

④ 莱斯·A. 帕尔：《数字公地的治理：全球化、合法性、自治与互联网》，载斯蒂文·伯恩斯坦、威廉·科尔曼主编：《不确定的合法性：全球化时代的政治共同体、权力和权威》，丁开杰等译，社会科学文献出版社，2011，第 150 页。

撰写了一部名为《塔林手册》的网络战国际法规。该法规把网络攻击等同于战争，并且威胁使用武力还击黑客攻击来源国。由于网络能力的不平等[①]，发展中国家在与发达国家角力的过程中，始终难以动摇后者的互联网统治权。直到2013年6月，“棱镜门”事件戳穿了美国“网络警察”的伪善面目，并激起了国际社会对美国侵犯他国信息主权和各国公民隐私权的普遍抗议和批判。网络全球治理才迎来新的转机，制定相关国际规则、规范信息和网络空间行为的国际呼声日益高涨。

中国是积极参与全球互联网治理，推动形成多边、民主、透明的国际互联网治理体系的重要力量。近几年来，中国通过加强信息基础设施建设、承办世界互联网大会、联合其他国家制定信息安全国际行为准则等行动，着力促进全球互联网治理体系的完善。2015年第二届世界互联网大会上，习近平在开幕式主旨演讲中提出了尊重网络主权、维护和平安全、促进开放合作、构建良好秩序的四项原则和构建网络空间命运共同体的五点主张[②]，得到了国际社会积极响应，被誉为“互联网蓬勃发展的基石”。2018年11月，习近平在致第五届世界互联网大会致贺信中指出：“世界各国虽然国情不同、互联网发展阶段不同、面临的现实挑战不同，但推动数字经济发展的愿望相同、应对网络安全挑战的利益相同、加强网络空间治理的需求相同。各国应该深化务实合作，以共进为动力、以共赢为目标，走出一条互信共治之路，让网络空间命运共同体更具生机活力。”[③]在以中国为代表的新兴国家的共同努力下，全球互联网治理体系向着更加积极有效、公正合理的方向迈进。发展好、运用好、治理好互联网，才能让互联网更好地造福人类。

① 有学者指出，依据网络基础设施建设状况、人均占有联网设备数量以及互联网用户总体规模等几个主要指标，世界各国可以粗略地归入“网络发达国家”或“网络发展中国家”之列。二者在全球治理体系中趋于明显失衡的力量对比，已日益蜕变为达成全球治理目标的沉重羁绊。参见蔡翠红：《网络空间的中美关系竞争、冲突与合作》，《美国研究》2012年第3期。

② 一是加快全球网络基础设施建设，促进互联互通；二是打造网上文化交流共享平台，促进交流互鉴；三是推动网络经济创新发展，促进共同繁荣；四是保障网络安全，促进有序发展；五是构建互联网治理体系，促进公平正义。

③ 习近平：《致第五届世界互联网大会的贺信》，《人民日报》2018年11月8日。

第二节 网络空间治理的基本原则和主要对象

法治是网络空间治理的基本原则，而信息内容则是网络空间治理的主要对象。2013 年 11 月，习近平总书记在《关于〈中共中央关于全面深化改革若干重大问题的决定〉的说明》中指出：“网络和信息安全牵涉到国家安全和社会稳定，是我们面临的综合性挑战”①，必须加快完善互联网管理领导体制问题。党的十九届四中全会《决定》明确提出，建立健全网络综合治理体系，加强和创新互联网内容建设，落实互联网企业信息管理主体责任，全面提高网络治理能力，营造清朗的网络空间。

一、坚持依法治网的基本原则

法治是现代社会治理的基本原则，也是网络治理的基本原则。习近平总书记强调，要提高网络综合治理能力，确保互联网在法治轨道上健康运行。党的十八大以来，中央对加强网络社会管理、推进网络依法规范有序运行提出了持续的、明确的要求。党的十八届四中全会围绕加强重点领域立法，提出要加强互联网领域立法，完善网络信息服务、网络安全保护、网络社会管理等方面的法律法规，依法规范网络行为，这为网络法治建设和依法治网提供了基本遵循。加强网络法治建设是巩固我国网络疆域防线的保障，也是推进国家和社会治理体系与治理能力现代化的重要举措。

依法治网的前提是加强互联网领域立法，完善网络信息服务、网络安全保护、网络社会管理等方面的法律法规。从 20 世纪 90 年代以来，我国网络空间法律体系从初步建立走向不断健全完善，党的十八大以后更是进入加速发展期。网络立法和相关法律、法规、规章和司法解释加快出台，涵括网络安全、互联网基础设施与基础资源、互联网服务、电子政务、电子商务以及互联网刑事等各个方面的内容。我国已经形成了《全国人民代表大会常务委员会关于维护互联网安全的决定》、《全国人民代表大会常务委员会关于加强网络信息保护的决定》、《中华人民共和国电信条例》、《互联网域名管理办法》、《互联网信息服务管理办法》、《互联网新闻信息服务

① 习近平：《关于〈中共中央关于全面深化改革若干重大问题的决定〉的说明》，《人民日报》2013 年 11 月 16 日，第 4 版。

管理规定》、《电子签名法》、《政府信息公开条例》、《刑法修正案（七）》、《刑法修正案（九）》等一系列法律规范。2017 年 6 月 1 日，历经两年多时间酝酿的《网络安全法》正式实施，这是我国第一部关于网络安全的专门性综合性法律，为维护我国网络主权、实施网络空间管辖、助力网络空间治理、维护互联网用户权益等提供了根本依据。网络法律法规是中国特色社会主义法律体系的重要组成部分。网络建设的法制化进程为依法治网、实施网络强国战略提供了最重要的制度保障。

我国的依法治网实践也在不断深化发展，网络行政执法与网络司法都有了新的技术载体和工作方案，从而更好地维护网络安全与网络公平正义。网络时代，人们上了网，人际关系的冲突纠纷与违法犯罪等事件也上了网，而网络经济、产业本身也刺激了新型违法犯罪事件的滋生。因此，线上的行政执法与司法需要成倍增长。网络行政执法是指基于法定职权和法定职责对网络进行管理，勘定相关责任人权利义务之行为。网络行政执法的重要任务就是规范网络秩序、打击网络违法犯罪行为、维护网民权益和互联网安全。基于网络违规违法行为往往具有跨地域性、跨事务性的特点，网络执法主体也是跨地域、跨部门的。这种情况既有可能导致各部门相互推诿而造成“执法真空”问题，但也能加速各地区、各部门之间的执法合作与交流，打破僵化的、自我封闭的、条块分割的行政官僚体制。譬如在 2018 年起，国家市场监管总局联合国家发展改革委、工业和信息化部等八部门开展了“网剑行动”，严厉打击了网上销售假冒伪劣产品和刷单炒信等行为，有力保护了消费者和经营者的合法权益，整顿了电子商务与服务环境。

随着数字经济、知识经济、电子商务的快速发展，网络上的经济纠纷、经济案件也急剧增多。传统的司法体系在技术、手段、理念上都无法满足网络司法的需要，法院和司法体系在客观上被要求加快适应互联网的改革。于是，在中国电子商务最为发达的杭州，中国乃至全世界的第一家互联网法院上线了——2017 年，杭州互联网法院正式挂牌。2018 年 9 月 7 日起，《最高人民法院关于互联网法院审理案件若干问题的规定》正式施行。其后，北京、广州等地也相继挂牌成立互联网法院。这是我国司法主动适应互联网发展大趋势的重要制度创新。互联网法院实现了从立案、调解、开庭、审判到执行的全流程网上运行，有利于降低诉讼成本、提高审判效率，更加及时有效地保护当事人及其他诉讼参与人的合法权益。互联网法院大大提升了对网络经济权益、知识产权、企业商业秘密、数据资源和公民个人信息的保护力度，有利于打造安全度和信任度更高的网络交易与服务环境，促进互联网和经济社会的深度融合，为构建网络空间安全保障体系增加了重要一环。

二、加强网络信息内容生态治理

互联网被称为信息高速路，它将人类带入了一个信息爆炸的时代。中国接入互联网虽然较晚，但发展速度应该是世界上最快的。在国家加快加强信息基础设施建设的基础上，中国由 2G 跟随、到 3G 突破、再到 4G 赶超，如今走向 5G 引领。我们由 PC 互联网时代进入以智能手机为代表的移动互联网时代。这是一个信息无处不在、信息唾手可得的时代。我国既拥有全世界最多的网络用户，也有着数量庞大的网络信息内容生产者。截至 2019 年 12 月，我国国内市场上社交通信类 APP 下载量达到 1166 亿次。据腾讯发布的数据显示，2019 年仅微信的月活跃账户数就超过了 11.5 亿，每天有 450 多亿条消息在微信里传输。各类信息纷至沓来、泥沙俱下，对人们的生产生活、思维方式、价值观念等都产生了深刻的影响。加强网络信息内容生态治理，已经成为维护文化安全、做好网络意识形态工作的重要组成部分。

网络技术的发展和互联网的普及，使网络信息内容生态治理的必要性和迫切性不断提升。互联网的信息内容具有一些突出特点：一是信息来源或者说信息供应源的多样化及其全球性，全球的机构、组织、团体或个人都可以在这里发布和传播各类信息，并且可以迅速地扩散至世界各地；二是信息内容的多样化，人类各个领域的知识与信息都在这里充分涌流，从政治、经济、文化、社会、科学、教育到生活、娱乐、休闲、奇闻逸事、名人八卦等，覆盖人们方方面面的需要；三是信息发布和传播都具有很大的自由度和随意性，互联网进入的低门槛和信息发布的低成本（包括后果上的低责任）等导致各种无用信息、虚假信息甚至有害信息泛滥，而相关的监督、控制与处罚机制又相对匮乏。这些特点一方面将互联网造就为信息的海洋与知识的宝库，为人们“不出门而知天下事”提供了极大的便利，但另一方面，互联网信息的无序膨胀也对人们选择、判断、甄别和使用信息的能力与素养提出了新的挑战。从小处讲，网络传播的一些错误信息，如养生或理财类信息，可能对公众造成误导；而从大处讲，一些错误思潮如西方“普世价值”、历史虚无主义等则可能直接威胁我们的政治安全与文化安全。因此，对互联网信息内容进行治理，是维护国家安全和公共利益的重要举措。

这些年来，我国的互联网信息治理逐渐从消极防御走向了积极治理。2019 年 12 月 15 日，国家互联网信息办公室发布了《网络信息内容生态治理规定》（以下简称《治理规定》），自 2020 年 3 月 1 日起正式施行。该规定将网络信息内容生态治理界定为：政府、企业、社会、网民等主体，以培育和践行社会主义核心价值观为根本，以网络信息内容为主要治理对象，以建立健全网络综合治理体系、营造清朗的网络空间、建设良好的网络生态为目标，开展的弘扬正能量、处置违法和不良信息等相关活动[①]。这个定义明确了网络信息内容生态治理的主体、依据、对象和目标，为落实共建共治共享原则，打造政府、企业、社会、网民的信息内容治理共同体提供了基本遵循。正如习近平总书记所指出的那样：“网络空间是亿万民众共同的精神家园。网络空间天朗气清、生态良好，符合人民利益。网络空间乌烟瘴气、生态恶化，不符合人民利益。谁都不愿生活在一个充斥着虚假、诈骗、攻击、谩骂、恐怖、色情、暴力的空间。”[②]生态良好的网络空间构成是社会公共利益的重要内容，而这一社会公共利益同样需要所有人共同创建和守护。

打造政府、企业、社会、网民的多元治理共同体，首先要建立新的关系思维，即突破政府单一主导、政府与互联网用户是“治”与“被治”的关系模式，建立多元协作的伙伴式关系模式。网络社会是一个更加高度社会化的社会，基于知识与信息所赋予的权利，企业、社会力量与网民获得了更高的自主性与自治性，并在一定程度上挑战了传统政治权力的边界，而从伦理上政府不能对网络实行全面的监管或管理，政府也不再享有至高无上、说一不二的权威。在这种情况下，政府应同企业、社会、网民基于

① 国家互联网信息办公室令（第 5 号），《网络信息内容生态治理规定》，http://www.cac.gov.cn/2019-12/20/c_1 578 375 159 509 309.htm.

② 习近平：《在网络安全和信息化工作座谈会上的讲话》，人民出版社，2016，第 8 页。

共同利益而结成伙伴式关系，对网络信息内容治理采取多元参与、协同共治的模式。其次，在政府、企业、社会、网民形成多元治理共同体中，各方有不同的角色定位和功能要求。政府的作用是监管，是就相关治理规则和目标实行“顶层设计”并监督其执行和落实情况，国家各级、各地网信部门及各有关主管部门都要各司其职并通力合作；企业的义务是履责，网络信息内容服务平台（提供网络信息内容传播服务的网络信息服务提供者）应当履行信息内容管理主体责任，严格按照《治理规定》的要求加强平台管理、细化落实平台自身管理的机制和规则；社会的作用是监督，社会方面提供了网络监督的最广泛、最庞大的力量，这是网络治理的“群众路线”，要形成人人皆监督、人人受监督的局面；网民要做到的是自律，网民具有网络信息内容生产者与网络信息内容服务使用者的双重身份，网民对信息的制作、复制、发布或转发都要符合道德与法律规范，不得损害国家利益、公共利益和他人合法权益。

三、打赢网络意识形态斗争

网络意识形态以网络信息为载体，渗透和嵌入在各种各样的信息之中。意识形态工作是从思想上引导人、影响人的工作，人们大规模地上网，互联网便成为意识形态工作的主战场、最前沿。因此，网络意识形态治理是网络信息内容生态治理任务体系中最艰难又最重要的一项内容。在网络安全中，意识形态安全是第一位的；没有网络意识形态安全，就没有国家政治制度安全。因此，要从维护国家政治安全、文化安全、意识形态安全的高度来加强网络内容建设，打赢网络意识形态斗争。

网络信息平台是多元文化和价值观冲突最为剧烈的地带。很长一个时期，我国的网络意识形态治理都处于相对弱势的局面。外有西方媒体长期针对中国的道路、制度与文化进行多层次、多维度的攻击，并结合中国国内的各类突发事件或舆论热点进行议题设置和舆论操控；内有被西方敌对势力收买或迷信西方意识形态的所谓“公知”长期鼓吹和美化西方的价值观念和社会架构，对中国各个方面横加指责。此外，还有一些网络“大V”或网络写手为了所谓的“人设”、流量和点击率，故意发布一些反体制的观点或恶意炒作社会热点事件。这些势力大致已经形成一套成熟的话语流程：中国出事了→事要往大了说→西方处理类似事情是如何高明，如何充分体现了自由、民主、人权的“普世价值”→中国则不自由、不民主、反人权→结论：这都是因为中国制度不行，并将最终矛头指向中国政府与中国共产党。总之，中国发生的任何不好的事情，即便它在全世界各个国家、地区或文化群体中都有可能或曾经发生，但在中国就要归咎到党的领导和社会主义制度之上。在这套话语逻辑的反复鼓噪下，一些网民由于知识或见解所限也被裹挟其中，跟风盲从者有之，摇旗呐喊者有之。网络舆论场上一度是“西风压倒东风”，西方的文化价值观在我国网络空间肆意传播，严重威胁了我国社会主义意识形态安全。

面对网络舆论乱象和意识形态斗争的不利态势，以习近平同志为核心的党中央对新形势下加强和改进意识形态工作作出一系列决策部署，打响了一场意识形态反击战。意识形态斗争是一项系统工作，党中央通过自上而下的思想理论建设、压实党委（党组）责任的组织制度建设、健全意识形态工作人才队伍、建立网络综合治理体系、提升新媒体新技术运用能力等，全面增强了互联网意识形态治理能力。在斗争策略上坚持“立破并举”，一方面，加强互联网内容建设特别是加强网上正面宣传，旗帜鲜明坚持正确政治方向、舆论导向、价值取向，用习近平新时代中国特色社会主义思想团结、凝聚亿万网民，理直气壮地唱响网上主旋律，巩固壮大主流思想舆论，从而掌握互联网战场主动权。另一方面，是深入开展网上舆论斗争，运用正确战略战术，组织力量对错误思想观点进行批驳，澄清谬误、明辨是非，依法关闭了一批滥用自身影响力、多次发布违背宪法所确定的基本原则、损害国家荣誉和利益的内容的网络大 V 的账号。这场意识形态反击战使意识形态领域一度被动的局面得到了根本扭转，意识形态领域总体保持向上向好态势，有效维护了我国的意识形态安全和政治安全。

意识形态斗争既需要依靠党和国家自上而下的引领指挥，也要贯彻落实共建共治共享原则，重视发挥网民自下而上构建意识形态防线的潜力和作用。曾几何时，公知、大 V 一度成为网络意见领袖，通过议程设置和舆论左右着众多网民的立场观点，使主流意识形态受到严重冲击。但随着互联网普及率的提升、网民视野的开阔和知识的增加，特别是随着中国特色社会主义事业稳步向前、取得有目共睹的成就，广大人民的内心自觉生发出对中国道路、制度和文化的自信。网络公知、大V惯用的那套西式话语逐渐式微，而“公知”一词几乎转变为一个负面词汇。被指为“公知”不仅意味着其话语丧失了可信度，而且意味着其在意识形态上就站错了立场。与此同时，网上出现了许多自愿为中国发展鼓劲、为社会正能量发声，并针对恶意攻击中国的谣言进行辟谣的网民；也出现了在网络上活动的年轻一代的爱国网民，他们善于利用社交媒体来表达爱国主义热情，但也可能出现过激言行，还需要受到理性引导。因此，要充分尊重和认可人民在意识形态领域实行自治和共治的重要价值。人民群众自发的意识形态自治能够为党和国家的意识形态治理奠定良好的社会基础。

值得注意的是，网络公知、大V失去权威和爱国网民的崛起的过程，实质上是人民群众在多元化的声音特别是意识形态和价值观冲突中进行自我教育和相互教育、自我管理和相互管理相结合的过程。因此，党和国家也重视这个过程，其自上而下的意识形态治理就要秉持一个基本原则，那就是在开放中治理、在开放中斗争，避免“管死”和“一刀切”这种粗暴专制型管控，不能只让一种声音（所谓的“正面声音”）出现，而是允许多样性和差异性的存在，要在文化繁荣中凝聚主流意识形态共识。在这个众声嘈杂的时代，仍要谨记毛泽东同志在1957年阐述“双百方针”时所提到的，真理（香花）是跟错误（毒草）相比较，并且同它作斗争才发展起来的：“禁止人们跟谬误、丑恶、敌对的东西见面，跟唯心主义、形而上学的东西见面，……这样的政策是危险的政策。它将引导人们思想衰退，单打一，见不得世面，唱不得对台戏。”[①] 事实上，人民群众正是在本土话语同西方话语、基层话语同精英话语、现实话语同抽象话语的遭遇战中，经历了思想上的“否定之否定”的过程，从而进一步认识到中国特色社会主义理论、道路、制度与文化的特殊性和优越性。因此，只要中国特色社会主义事业继续稳步前进，我们就能对网络意识形态斗争保持战略定力，既在战略上藐视它，又在战术上重视它，一面形成正面攻势，一面加强针对性的斗争，牢牢掌握意识形态工作的领导权和话语权。

① 中共中央党校编《马列著作毛泽东著作选读（哲学部分）》，人民出版社，1978，第450页。

第三节　线上线下融合治理

网络信息技术的快速发展，不仅创造了一个特殊的虚拟网络空间，也真切地改变了现实的社会存在，推动了人类社会生产、生活与交往关系的巨大变革，给国家治理和社会治理带来多方面的机遇和挑战。2020 年 10 月 9 日，习近平总书记主持中央政治局第三十六次集体学习时指出，随着互联网特别是移动互联网发展，“社会治理模式正在从单向管理转向双向互动，从线下转向线上线下融合，从单纯的政府监管向更加注重社会协同治理转变。”[①] 社会治理模式从线下转向线上线下融合，意味着要进一步把握网络技术和网络空间为政府治理转型、为公民广泛参与提供的新契机，打造网络时代共建共治共享的新模式。

一、加强数字政府建设

数字政府又被称为“电子政府”，它是计算机、互联网和通信技术发展到一定阶段的产物。也就是说，互联网通信技术是政府转型最重要的促进器。但是，数字政府不是简单的政府上网，也不单是互联网对政府的技术改造，而是一种新的政府治理、社会治理理念及模式，是在社会信息化基础上形成政府网络化的社会管理与服务体系。建设数字政府的基础目标是实现政府政务活动和公共管理的数字化，提高政府办事效率和服务质量，并使政府公共服务具有更高程度的普遍性、可及性和公平性。加强数字政府建设，必须牢牢牵住政务服务“一网通办”和城市运行“一网统管”这两个“牛鼻子”，才能更好地提升社会治理现代化的能力和水平。

我国自 20 世纪 90 年代接入互联网以来，就开始了线上政府的建设，但最初主要停留在信息公开的层面，而且这种信息公开是静态的和单向的，并受到互联网普及度的限制。随着互联网技术从 Web 1.0 走向 Web 2.0，特别是移动互联网技术和智能手机的日渐成熟，各级政府都开始通过微博、微信小程序、官方手机应用等开展政务活动，不仅涉及信息公开，

① 习近平：《加快推进网络信息技术自主创新 朝着建设网络强国目标不懈努力》，《人民日报》2016 年 10 月 10 日，第 1 版。

而且也向在线互动和事务办理拓展，一些涉及便民事务的线上咨询、办证、缴费等都日渐成熟。对于社会公众而言，电子商务已经教会他们用一部手机解决各方面的生活需要，购物、订餐、买票、出行等都可“一键下单”。在这样的技术支持和社会预期之下，一切旧形态的社会管理和服务都难以让老百姓满意。像“政府门难进、脸难看、事难办”这样的情况，就不仅是办事效率的问题，更是“官本位”和“特权”思维作祟的问题。这对于习惯了互联网的平等性和高效性的人民来说难以忍受的。因此，政府必须加快提升线上为人民群众提供服务的能力。一方面要适应人民期待和需求，加快信息化服务普及，降低应用成本，为老百姓提供用得上、用得起、用得好的信息服务，让亿万人民更加平等地享有互联网发展带来的成果。另一方面，政府要加快提升行政管理和公共服务的线上“可及性”，即将政府提供的信息、数据、资源和服务尽可能地转化为网络形态与数字形态，帮助人民群众实现一部手机联通政府、相关事务“一网通办”的理想。

建设数字政府的另一目标，是在计算机和互联网的技术支撑下，提升整个政府系统协同合作与治理现代化的能力，达到“一网统管”的目标。当前各层级、各地方、各部门在向数字政府转型的过程中多数停留于个别的、具体的信息交互、数据流动和事务办理；而众多微信公众号、手机应用在发布信息和办理事务上往往也存在“叠床架屋”或“相互龃龉”的情况，渠道太多导致官方的一些微信公众号、手机应用处于“僵尸”状态，使用率极低。此外，一些跨省或跨部门的政务和服务如公积金、医疗养老保障等，离信息通认、通行还有很大距离。因此，数字政府转型还要从国家层面的行政体制完善、政府职责体系优化、政府组织机构优化的高度来着手，坚持“全国一盘棋”，各级政府和各部门之间要加快融合与协同。对此，习近平总书记明确指示：“我们要深刻认识，以推行电子政务、建设新型智慧城市等为抓手，以数据集中和共享为途径，建设全国一体化的国家大数据中心，推进技术融合、业务融合、数据融合，实现跨层级、跨地域、跨系统、跨部门、跨业务的协同管理和服务。”[①]

① 习近平：《加快推进网络信息技术自主创新　朝着建设网络强国目标不懈努力》，《人民日报》2016年10月10日，第1版。

二、规范网络公共参与

随着网络社会组织快速发展，人民群众大规模变为网民，网络公共参与日渐活跃，网络空间也成为治国理政的新阵地。网络公共参与是社会力量与社会公众在网络上围绕公共议题发表意见，表达个体性和群体性意愿或利益主张，从而直接或间接影响政府决策及其执行的行为。网络公共参与的重点是重塑社会与政府之间的关系，通过互联网将社会协同与公众参与纳入社会治理的体系。当前网络公共参与已经成为现代社会治理的重要组成部分，它在表现巨大能量的同时也还存在一些失序、失范的问题。因此，必须更好地规范网络公共参与，才能将其转变为推动社会治理变革的正能量。

网络公共参与的发展是社会现代化、网络化、信息化发展的客观产物。一方面，在互联网技术快速发展并加快普及的条件下，公共参与的直接性、公开性、广泛性和平等性等都日益具有现实可能性，这为民主政治继续发展提供了动力。另一方面，各类政府网站、网络论坛、网络社区等快速发展，也为公共参与提供了新的平台和渠道。需要指出的是，网络公共参与网络公众参与具有很高的相似性，但前者包含后者在内。网络公众参与强调的是社会群众、社会组织、单位或个人等主体的公共参与，而网络公共参与不仅包括社会公众，而且也包含政府等公共机构在内，它侧重的是多元主体围绕公共议题和公共利益的交流对话。因此，网络公共参与包含两个维度：它既可以是自上而下发动公众来参与相关公共议题，也可以是公众自下而上推动公共议题的形成并参与其中。网络公共参与的落脚点是公共机构和公众在参与过程中的互动，推动公共决策的合法性与合理性进程，其目标是使公共决策更好地促进公共利益的实现。

当前中国社会的网络公共参与包含制度化参与和非制度化参与两个方面。制度化参与主要是由政府来引导的，其载体主要是官方网站、官方微博、微信公众号和一些网络公共论坛。在日常政务活动中，政府通过设置相关网络媒介，如民意直通车、市长信箱、政务论坛等，为公众参与提供常态化渠道，及时回应群众关切，回答群众质疑，解决群众问题。而围绕具体事务，如在推出重大决策、立法或立项之前，或在做出涉及地方群众切身利益的决策之前，政府都更加重视提前向公众发布信息，交与公众讨论。政府这么做的动力至少有三。一是确保政府权力的合法性奠基在为人民服务的基础之上，启动网络公共参与就是将社会主义协商民主的独特优势向网络空间拓展的重要尝试。二是提升决策的科学性与合理性。政府决策事关公共福祉，而要在最大程度上实现公共福祉，就必须更广泛地了解并收集民意民情，为政府决策提供参考和依据。三是通过网络公共参与使群众充分表达其利益诉求或不满，同时也学习了解私人利益与公共利益之间的冲突，从而在一定程度上纾解矛盾。制度化参与的主动权主要掌握在政府手中。这有利于政府引导公民有序参与、理性参与，但同时也会造成公众参与动力不足、信息单一的问题，而这个问题在很大程度上被非制度化的网络公共参与所弥补。

非制度化的网络公共参与主要是指网络公众围绕公共议题推动形成网络舆论甚至网络舆情的参与。网络空间的开放度、虚拟性和包容性，既使每个网民的表达权利都得到了充分的张扬，表现了网络民主平等性与普遍性的一面，但也造成网络参与随机性和偶然性的一面。有学者指出，我国网民的公共参与密度在过程上的变动性特征明显，属于一种典型的“事件性”参与。每当网络群体性事件发生时，公共参与总会在很短的时间内经历从发生、展开、演化，最后到沉寂的生命周期，而这种“爆炸性”的参与态势往往会对网络乃至现实社会的正常运行构成相当的压力[①]。因此，网络舆论既可视作当代中国社会民意、民愿的风向标，但网络舆论本身又可以塑造和建构民意，这就对政府应对网络舆论的能力提出了挑战。政府或相关机构首先需要认识到，网络舆论或舆情危机的根源来自现实社会空间，其本质是“网下”问题的“网上化”。因此，当问题在网络上公开化后，政府或相关机构必须先行反思自身决策或执行是否确实存在不妥或不宜之处，争取在与网民对话中解释清楚矛盾所在，或积极着手解决矛盾。在这个意义上，网络舆论或舆情就显示出促进政府改革、优化政府服务的强大动力。

需要注意的是，同制度化参与相比，非制度化参与能够吸引更多网民，这既有利于更多信息的涌入，为政府与社会更好地相互交流、沟通创

① 金太军、杨书房、王军洋：《公民网络公共参与的行为逻辑探究》，《社会科学战线》2014 年第 3 期。

造条件。但与此同时，各类失真、失实甚至凭空捏造的信息也会充斥网络空间，对人们形成共识造成障碍。因此，政府一方面要提升制度化参与平台的水平，建立长效机制，让社会公众获得充分表达诉求的机会，另一方面也要着力规范非制度化参与，加强对网络社区和网络舆论的监督和管理，促进网络公共参与依法、依规进行。此外，政府还应积极转变角色，将自身作为网络公共参与的一方，并且是拥有更多权威信息和数据的一方，介入到相关公共事件的讨论中去，积极主动引导舆论走向。在面对纷繁复杂、泥沙俱下的网络民意，政府不得倨傲，而应更加平和理性，提高自身甄别力和应对力。习近平总书记要强调："网民大多数是普通群众，来自四面八方，各自经历不同，观点和想法肯定是五花八门的，不能要求他们对所有问题都看得那么准、说得那么对。要多一些包容和耐心，对建设性意见要及时吸纳，对困难要及时帮助，对不了解情况的要及时宣介，对模糊认识要及时廓清，对怨气怨言要及时化解，对错误看法要及时引导和纠正，让互联网成为我们同群众交流沟通的新平台，成为了解群众、贴近群众、为群众排忧解难的新途径，成为发扬人民民主、接受人民监督的新渠道。"① 线上听民声，线下为民生，这是互联网时代推动社会治理社会化、信息化与现代化的必然选择。

三、善用大数据治理促进共建共治共享

在信息时代，随着移动互联网、大数据技术的迅速发展，大数据、大数据治理在社交网站、电商巨头、电信运营乃至金融、医疗、教育等各行各业都掀起热潮。大数据治理最初主要是市场与企业的技术手段与技术责任。但随着各领域数据的迅猛增长和大数据社会影响力乃至统治力的不断增强，大数据也成为国家和社会治理现代化的构成要素。大数据既为国家治理带来新的难题，但也为国家和社会治理现代化提供了技术基础和新的治理资源。因此，大数据治理既是应对大数据潜在风险，也是挖掘和利用大数据潜在价值的过程。大数据治理从技术和思维角度来讲都是一个庞杂的、不断发展的体系，非三言两语可以讲清楚。这里我们仅从应用角度，围绕线上线下融合治理的需要，重点考察大数据决策与数据开放这两个方

① 习近平：《在网络安全和信息化工作座谈会上的讲话》，人民出版社，2016，第8页。

面的问题，因为它们是促进政府与社会多元主体密切互动、打造线上与线下无缝对接的电子治理体系的两个关键。

大数据决策的基本目标是利用大数据更科学地制定公共政策。大数据决策的过程包括数据挖掘、数据整合、数据分析和数据运用等诸环节。就信息社会的自在本质而言，数据就在那里，无声无息海量存在着；但“大数据”之所以为“大数据”，其本质是生成性的，即依赖于主体对其价值的发现。互联网上的数据泥沙俱下、难以穷尽，只有通过主体有目的性的抓取、分析和整合，大数据的价值才有可能现实的生成。就国家和社会治理的需要而言，大数据的价值在于展现事实和呈现规律这两个方面，即通过大量耦合的数据来提供新的事实，并展现事态发展的规律和趋势。这两个价值将在国家和政府决策的精准性和前瞻性上发挥重要作用。大数据“精确地记载了过去和现在发生的事，对面向未来的决策有着极其重大的意义和价值。在数据中找出关联，发现规律和验证假设，可极大提升决策的准确性和可靠性，使决策真正智慧”[①]。大数据决策依据的是网上数据，但其数据来源最终是某一领域、地域或区域的人群的行为或意向的数据表达，这就为国家和地方治理的相关决策提供了充分的数据经验，避免了在信息不充分、调研不充分情况下的“拍脑袋决策”，提升了决策的科学性、针对性与精准性。此外，大数据决策不仅发生于决策之前，也贯穿于决策之中与决策之后。利用大数据及时抓取和分析社会公众的真实反响，客观理性地分析这些数据的合理性和普遍性程度，进而调适或调整政策或决策，这本身就是实现政府和社会公众共治的一种重要方式。近年来，各种“大数据+”在社会生产生活中发挥了日益显著的作用，例如“大数据+扶贫”“大数据+旅游”“大数据+教育”“大数据+医疗”等，为国家和地方的产业结构和社会事业发展的谋略规划提供了重要支撑；而“大数据+疫情防控”则是中国打赢新冠疫情阻击战不可或缺的功勋要素。

大数据治理深度改变了政府的组织运行和决策模式，更新乃至超越了传统政治系统的“输入”与“输出”模式，使“输入”与“输出”两个环节更加高度“相嵌”或者说“互嵌”在一起，这本质上就是政府与社会公众合作共治的产物。“输入”与“输出”关系描述的是政治系统在不同层次上各要素之间的作用与反作用机制。就一个国家内部的民主政治运行过

---

① 缪其浩：《大数据时代：趋势和对策》，《科学》2013年第4期。

程而言，“输入”就是个人或团体向政治系统表达或阐述其利益需求或利益主张，而“输出”就是来自社会的信息流入政治系统后，相关政策得到制定并实施。简言之，“输入端”意味着人民想要政府做的事；而“输出端”指的是政府为其人民做的事情。在以往，需求流从社会进入政体以及这些需求转换为官方的政策需要特定的中介条件，如政党、利益集团和传播媒介等，这不是一个或几个普通公众就能实现的。但是借助大数据，无数孤立的、“原子式”的普通人的意见就能汇成数据洪流得到重视，公众意愿的表达更直接、更广泛，从而打破传统输入模式的技术门槛或精英垄断。更重要的是，“输入”与“输出”也弥合了以往“民众输入—政府输出”的时空断裂，使“输出”一开始就能够以“输入”作为自身内在组成要素，并在后续的过程中始终将“输入”纳入其中。这是互联网时代公共决策更加真实的与彻底的民主性的体现。

大数据决策的核心主体实际上仍然是政府，而数据开放是面向社会开放政府所掌握的数据，其目标是激活整个社会的数据生态系统，让更多市场主体和社会主体在共享政府数据资源的过程中创造更大价值。数据开放是数字政府的应然发展趋势。同信息公开阶段的数字政府相比，数据开放不再只是着眼于更好地监督和改进政府的工作，而是强调政府对“数据”特别是“原始数据”的彻底开放，其目标是让整个社会在共享政府积累的数据资源的条件下，通过分析、挖掘、整合和利用这些数据创造出更多增值服务业及其价值链。在互联网时代，数据本身就是一种重要的生产资料。政府将这种生产资料向全社会开放，这是发展数字经济、营造数字生态、繁荣数据文化的重要条件。在政府开放数据后，社会中的企业、个人、科研院所等都可以根据自己的需要和能力，对之进行独立的或者合作性的科学研究与应用公开，并反过来将这些数据产品反馈给政府，从而提升政府的治理能力和服务水平。

因此，政府数据公开是推动大数据应用、提升社会创新能力的一项重要措施。从信息公开到数据公开，意味着政府治理和社会治理真正转向互联网思维。互联网信息技术特别是软件技术的创新发展过程中包含一种重要的理念和实践，那就是系统或软件的“开源”。所谓“开源”，简言之就是任何人在版权限制的范围内，都可以得到软件的源代码进行学习、修改并发布，从而推动软件功能不断完善，实现互利共赢。“开源”是互联网之开放性与社会性的典型。政府的数据开放实际上就是对政府数据“开源”，广泛调动各方力量来发掘数据可能隐含的社会价值，进一步释放数据能量，激发公众创新活力，创造更多社会公共价值。2012年以来，我国先是由上海、北京等试点建设了地方性的公共数据开放平台；2015年，国家出台《促进大数据发展行动纲要》（国发〔2015〕50号），对国家政府数据统一开放平台的建设做出战略部署，明确“2020年底前逐步实现信用、交通、医疗、卫生、就业、社保、地理、文化、教育、科技、资源、农业、环境、安监、金融、质量、统计、气象、海洋、企业登记监管等民生保障服务相关领域的政府数据集向社会开放”。此后，全国各级政府和部门数据开放呈爆发式增长。到目前，政府的数据开放已涉及教育科技、民生服务、道路交通、健康卫生、资源环境、文化休闲、机构团体、公共安全、经济发展、农业农村、社会保障、劳动就业、企业服务、城市建设、地图服务等领域，为政府治理与社会治理现代化提供了强大动能。

第八章　构建匹配新时代的社会文明

社会治理现代化的目标是在社会治理的实践中不断推动社会文明的进步发展。社会文明这个概念非常复杂，应用也非常广泛。广义的社会文明是指人类在改造客观世界与主观世界的过程中取得的一切积极成果的总和。学界对广义的社会文明进行的结构分析，既有物质文明和精神文明的“两分法”，也有物质文明、精神文明和制度文明的“三分法”，还有物质文明、政治文明、精神文明、社会文明（狭义的）、生态文明的“五分法”。从社会治理的领域和对象来看，我们所使用的社会文明主要是指在社会生活和社会关系领域，经由制度文明规范而产生的广大社会成员的精神风貌和公共生活样态。也就是说，这里的社会文明包含两个基本要素：文明的制度和制度下的文明。更确切地说，即制度文明与人的文明。制度文明是人类社会发展过程中形成的规范化成果。现代制度文明的理想目标，便是通过各种政策、制度、体制、规则的安排，使社会生活和社会关系更加和谐有序地运转，从而更好地满足人的需要，提高人的素质，促进人的发展。因此，制度文明与人的文明在相互促进的过程中发展为一套循环共生的体系，制度文明为人的文明标定基本框架，而人的文明体现并制约着制度文明所能达到的最高水平。社会治理现代化就是在加强制度文明建设的同时推进人的文明或者说人的现代化，最终实现社会的全面进步与人的自由全面发展。

第一节　制度文明的历史演进

广义的社会文明就是人类文明总体，按照存在形态可以划分为物质文明（或曰器物文明）、精神文明和制度文明。器物文明或物质文明是人类改造自然界的物质成果的总和；精神文明是人类在改造客观世界和主观世界的过程中取得的精神成果的总和。这两类文明为人所熟知，而制度文明则相对被忽视。实际上，制度是一种非物质性的社会客观存在，是“人类活动所创造的组织结构体系”[①]，是社会对行动策略规则的确认过程。制度和文化一样属于上层建筑，是规范社会关系、维护社会秩序的必要条件。制度是文明的载体，在一定程度上，人类文明的诞生就是以国家、私有制或城市等制度的产生为标志的。自有文明以来，制度就对文明的发展和维系发挥了重要的作用。在人类文明的历史发展长河中，制度文明随着物质文明的发展而发展，并与精神文明相互融合、相互支撑。人类的物质文明越是发达，精神文明越是发展，社会关系越是复杂，制度也就相应变得更加复杂化、精细化，这是制度文明演进的基本逻辑。

一、中国传统社会的制度文明

中华文明能够没有中断、延续至今，与其独特的文明制度有着密切的关系。中华文明的传承是世界文明史的一个奇迹，这或许是“天时”“地利”“人和”的结果。所谓“天时”“地利”，是先辈们在这片土地上刀耕火种，在抵抗自然灾害、改造地理环境的过程中，逐步建立起家园。农耕文明因其定居的生活方式，更容易形成知识、技术和文明的累积与传承。在生产生活实践中，社会分工较为发达，这就为“人和”打下了基础。而“人和”的更深层内涵，是人们在政治、经济与社会生产生活实践中形成的一系列典章制度，进而形成的稳定的政治、经济、文化共同体[②]。这种共同体最初无一例外都是由伦理共同体主义的文化价值观来维系的，只不过伦理共同体主义在西方瓦解得更早，而在中国社会延续的时间更长。究其原因，就是因为中国传统社会的伦理共同体主义有其关键的制度载体，那就是宗法制。在一定程度上可以说，中华文明以“宗法制”为其制度体系的核心，贯穿从西周以来一直到清末的传统社会时期，对中华文明和中华共同体的延续发展起到了重要作用。

宗法制是一套非常复杂的制度，在不同朝代也有不同变化，但其核心是稳定而明确的，那就是国家政治制度领域的“嫡长子继承制”。自西周以来，“传嫡不传庶，传长不传贤”便渐成为政治常规。不少历史学家认为，嫡长子继承制更有利于治理效率与制度稳定。嫡长子继承制存在嫡长子天赋不高、能力不足等偶然性问题，周天子曾经尝试以分封制和官僚制

---

① 高兆明：《制度伦理研究——种宪政正义的理解》，商务印书馆，2011，第 9 页。

② 苏力：《大国宪制——历史中国的制度构成》，北京大学出版社，2018，第 1-22 页。

等制度来解决，然而，分封制的发展不可避免地冲击了“普天之下莫非王土；率土之滨莫非王臣”的制度与观念体系。为了巩固政权，周公以宗法制为基础，辅之以“周礼”，通过定期祭祀共同的祖先，感怀同根，维护共同的政治利益，并将之意识形态化，作为维系血缘与政治关系的纽带。这一理想设计挫败于西周末年和春秋时期的“礼崩乐坏”。孔子面对这一现实，大力主张“克己复礼”，即复周礼，重建西周的政治和文化形态。孔子虽难复周礼，但他构建的以“仁”为核心，以“人伦”“礼治”为依据的儒家伦理主义道德政治学说影响深远。至汉代董仲舒提出“罢黜百家、独尊儒术”，到朱熹提出“三纲五常”，儒家伦理主义的道德政治学说日益沦为封建统治者用来奴役人的工具，而儒家“内圣外王”的道德超越则失去了自身的光彩。

宗法制体现的是鲜明的“人治”特点，“人治”的本质就是基于阶级、身份、知识等不平等基础上的“治人”，是垄断了权力和知识等资源的少数群体（上位者）对缺乏这些资源的多数群体（下位者）的统治。所以，人治的关键不在于“人来治”，不在于人的因素的发挥，而在于它标志着整个社会关系和社会资源的不平等，在于它蕴含着“治人”和“治于人”的基本逻辑架构。因此，人治的底色是专治乃至强制。

在传统社会，“人治”也以法律和道德作为其工具。在中国古代社会，法律最早是以刑或律的方式存在的，从“刑鼎”“刑书”到各种“律”，其性质主要是惩戒性的，主要内容是对违背或挑战统治阶级意志或利益的“民”的处罚。不过，传统社会的律法起作用的方式并不够制度化，因为统治阶级特别是君主的自由裁量权往往凌驾其上，君王掌握着对臣民的生杀予夺之权，而统治阶级本身却往往不受法律规约，“天子犯法与庶民同罪”只是传说中的理想。这种“霸道”和“专制”的“人治”的最大弊端，在孔子眼里看来便是“道之以政，齐之以刑，民免而无耻”，因而他力主“德治”：只有“道之以德，齐之以礼”，民才能够“有耻且格”，达到不治而治人的目的。值得注意的是，孔子的德治思想原是包含着“治理者本身应该是有德性的”这一规范性承诺，这样的“人治”才能在根本上是“德治”。但是到了宗法制的实践中，“人治”就是以伦理道德为工具，对下位者进行思想和规范上的统治。只不过，律与刑代表了“人治”冷酷无情的一面，而德治则代表了“人治”温情的一面。宗法制的“人治”有其制度化的载体，那便是“三纲五常”。“三纲五常”将每个人按其身份、地位甚至性别来安排其言语、思想和行为，使每个“人”都被社会规定了格外有序的一生。但是这种有序性包含了严重的不平等：不同阶级之间身份的不平等，社会交往关系中人格的不对等，以及性别之间的不平等。

宗法制还以“家国同构”的社会格局为其显著特征。“家国同构”是指家庭、家族和国家在组织结构方面具有共同性，均以血亲—宗法关系来统领。家族是扩大了的家庭，而国家则是扩大了的家族。在政治统治上，三者在某种程度上都采用父权制、嫡长子继承制、族权与政权相结合等方式进行统治。在家庭、家族之内，父家长地位至尊，理所当然地统率其族众家人；一国之内，君主地位至尊，是天下黎民百姓之共主、共“父”，因而君主也被尊称为“君父”。父家长和君主的地位和权力都可以通过嫡长子继承制血脉相承、代代相继。简言之，家国同构，就是让血缘伦理上下贯通，从政治有机体渗透至社会整体，为政治统治和社会秩序的维系提供文化和思想基础。

宗法制不仅支撑着“家国同构”的社会格局，也支配着个人的生存方式与意识形态。儒家“修身、齐家、治国、平天下”的道德理想，反映的是“家”与“国”之间的同质联系，造就的是将儒家伦理教化“内化于心”“学而优则仕”的官僚阶级后备军。所谓“修齐治平”，一方面是读书人或者说古代智识阶层的个人实现之路，一方面本就是由小及大的治理过程。修与齐主要是家庭、家族的局部治理，而治国、平天下则是更高层面的治理。因而“修齐治平”不仅是个人成长的过程，也是融入社会实践的过程，更是宗法制统治方式的体现。对于古代由智识阶层构成的官僚阶级来说，忠于“君父”是为政本分，做好“父母官”是为政理想。阶级和等级的矛盾就这样无形地消融于宗法关系之中。这在维护社会秩序的同时，也极大地降低了社会统治的成本，有效地巩固了统治阶级的利益。

传统社会治理以宗法制为制度基础，以三纲五常为日常行为规范，以修齐治平为人生道德理想，这就将个体生存和发展的需要同社会统治体制完美匹配起来，因而这种宗法制的统治模式也得以延续千年之久。公允地讲，这种统治方式通过科举制等制度的配合，为底层人士特别是知识分子打破身份的限制向上流动提供了渠道，使中国传统政治系统能够源源不断地吸收贤能之士，从而不断推动中国传统社会政治与社会制度的变革与完善，构成为中国传统社会长期领先于西方封建社会的重要因素。但是，宗法制归根到底是等级制的专制制度，它在统治阶级与被统治阶级之间造成鲜明对立，它所促进的发展归根到底也是马克思所批判的少数统治阶级以剥削和压制多数被统治阶级为代价的有限制的、片面的发展。宗法制作为特定社会历史阶段上的上层建筑，其合理性与合法性建立在自然经济与农耕文明之上。随着自然经济和农耕文明的解体，宗法制的衰落是必然的结果。

二、中华文明的现代转向

现代文明起源于西方。如马克斯・韦伯在《宗教社会学论文集》绪论中所论及的：现代文明的所有要素——市场经济、自然科学、民主法治——都源自西方。决定现代社会命运的力量——资本主义，是西方世界的产物。源自西方的科学、罗马法的严谨思维模式，以及专职政治组织模式的受过训练的文职官员，都是西方世界的文明产物[①]。因此，现代化在一定程度上等同于西方化，甚至在很长一段时期，西方文明被视为人类文明的标杆和终点，西方模式被视为现代化的唯一选择。“西方模式，基本上被视为代表着开创进步的社会。其形式，体现于财富与文化的雄厚；其手段，出于经济及科技的‘开发’；而其组织，则立于资本主义或社会主义的各式变体。”[②]现代文明作为一种源自西欧的地域性文明，在自身增殖和殖民拓展中为自己赢得了世界历史的独特意义。

鸦片战争以来，中华文明在同西方文明的遭遇战中几乎全方位“惨败”，这个事实折射在中国先进知识分子探索的器物变革、制度变革及至文化变革的“救亡图存”路线图中。对于古老的中华文明如何走向现代的问题，曾经有很多人持怀疑态度，认为中国要么学习西方模式，要么根本无法完成现代化进程。古今中西之辩在中国现代化道路上持续了100多年。西方文明是现代化的先发文明，后发文明学习借鉴先发文明的经验是

① 此处马克斯・韦伯思想出自马克斯・韦伯的《宗教社会学论文集》绪论；马克斯・韦伯：《新教伦理与资本主义精神》，苏国勋等译，社会科学文献出版社，2010，第1-8页。参见余在海、江永霞：《从现代文明的本质界限来看中国道路的历史必然》，《天津社会科学》2019年第2期。

② 艾瑞克・霍布斯鲍姆：《极端的年代》，郑明萱译，中信出版社，2014，第250-251页。另请参见余在海、江永霞：《从现代文明的本质界限来看中国道路的历史必然》，《天津社会科学》2019年第2期。

明智的，但是怎么学是个关键问题。无论国内还是国外，主张全盘西化的人，可能与马丁·雅克所概括的原因大同小异："西方国家那种认为中国（及其他发展中国家）必将遵从西方发展道路的观念主要基于以下两个不可分割的观点：其一，世界上仅有一种可以想象得到的现代性，那就是西方的现代性；其二，世界将会一直由西方国家主导，因为按照它们的说法，西方国家的制度和模式要优于其他所有国家，西方主导的世界将会永久持续下去。"①

然而，现代化等同于西方化吗？西方式的现代化文明就是完美的吗？答案是否定的。第一，资本对利润追求的无限性与自然资源的有限性之间构成了矛盾。科学精神是社会的进步，然而当人们失去对自然的崇拜，利用自然的探索精神愈发增长，在资本的压榨下，地球的自然资源早已展现出匮乏性，生态危机凸显。第二，资本的逐利性让个人变成原子式的个体，抹杀了很多社会联系。资本本身的精神是追求利润，资本的社会精神是唯利是图。当对利益的追求变成最高需要，个人逐渐抛弃了很多社会联系和牵绊，日益个人化。对此马克思早有断言："利己主义和自私自利的需要，使人的世界分解为原子式的相互敌对的个人的世界。"② 旧有的社会关系被撕裂，个人至上成为资本主义社会的一般价值。第三，资本主义文明包含着扩张与霸权③。资本主义发展的早期，世界市场的形成伴随着血腥和暴力。尽管随着时代的发展，扩张与霸权以稍微隐蔽的形式出现，却也有很多强化本民族利益的霸权主义行为。西方资本主义的现代文明之路既有其特定的历史条件，也有其内在的固然缺陷，是发展中国家无法效仿也不应该去效仿的。

所幸，在道路问题的选择上，中国没有"全盘西化"。中国一代代仁人志士多番探索道路问题，最终选择了社会主义。如果说新中国的成立与前进证实了这条路的可行性，改革开放以来的经验事实则证实了非西方模式的现代化可以成功。道路决定了方向，体现着价值，现代性是个不断发展的问题，中国在这个问题上的探索为世界文明打开了一扇新的窗户。中

① 马丁·雅克：《当中国统治世界》，张莉、刘曲译，中信出版社，2010，中文版自序第 1 页。

② 中共中央马克思恩格斯列宁斯大林著作编译局编《马克思恩格斯全集》第 3 卷，人民出版社，2002，第 196 页。

③ 余在海、江永霞：《从现代文明的本质界限来看中国道路的历史必然》，《天津社会科学》2019 年第 2 期。

国崛起的事实表明，现代性的道路不只有西方模式一种；中国崛起拓展了发展中国家走向现代化的途径。

中国之所以能够走出一条不同于西方的现代化之路，是因为中华民族有上下五千年的文明史。此前，许多西方学者主张，现代国家基本都是民族国家。他们依照西方的民族国家崛起和扩展之路来规定现代文明形成和发展的一般规律。他们认为，中国是个“文明形态的国家”，但是尚未形成民族国家。这种提法意在表明中国从“文明国家”变成“民族国家”要面对重重困难，而“民族国家”才代表现代国家。实际上，尽管早期的中华民族没有现代意义上的“民族意识”，但从近代起，自梁启超阐述现代意义上的“民族”[①]概念，到1912年孙中山提出“五族共和”，再到后来的国民革命以及新中国成立以来各种实践，中国不仅成为具有民族意识的现代国家，而且形成空前统一的政府、市场、经济、教育、国防、外交、金融、货币、税收体系。中华文明因其拥有辽阔的疆域、巨量的人口、深厚的文化底蕴、多民族融合等诸多要素造就的悠久历史与文化积淀而形成了独特的政治、经济、文化传统，这为中华文明的现代转向同时提供了条件和制约。对此，张维为教授提出“文明型国家”的概念，中国的现代化与世界其他国家和地区的现代化不同，是个具有“古老文明”底蕴的国家的“现代化”过程。而中国之所以能够走一条新的文明之路，源于这个古老国度几千年的文明底蕴。中国是个“文明型国家”，“‘文明型国家’尊重其他所有文明，但它不可能也不愿意被其他文明同化，因为它的文明基因太强了，如果这样的国家要被全盘西化的话，它必定走向混乱、分裂乃至解体。”[②]中华文明具有强大的整合能力，现实已经表明，今天的中国已经“是一个把‘民族国家’与‘文明国家’融为一体的‘文明型国家’，是一个把‘民族国家’与‘文明国家’长处结合起来的国家，这本身就是一个奇迹”[③]。正如习近平总书记所指出的:“数千年来，中华民族走着一条不同于其他国家和民族的文明发展道路。我们开辟了中国特色社会主义道路不

---

① 1899年，梁启超在《东籍月旦》一文中，首次提到现代意义上的“民族”一词，后来又在其他文中多有涉猎。并在1905年的《历史上中国民族之观察》一文中得出结论：“中华民族自始本非一族，实由多民族混合而成。”参见张维为：《文明型国家》，上海人民出版社，2017，第9-14页。

② 张维为：《文明型国家》，上海人民出版社，2017，引言第4页。

③ 同上书，第17页。

是偶然的，是我国历史传承和文化传统决定的。”①

三、新中国制度文明的确立和发展

新中国制度文明的创建史和发展史，就是中国特色社会主义制度体系的创建史和发展史。中国共产党人在继承和发展科学社会主义理论的基础上，坚持实事求是，将科学社会主义基本原则与中国社会主义探索的具体实践相结合，探索建立并不断坚持和发展中国特色社会主义的制度体系，为中国特色社会主义现代化建设提供了不可或缺的制度保障，而中国特色社会主义制度自信也由此获得了最坚实的实践和事实支撑。

新中国成立后，经由过渡时期总路线，到 1956 年，社会主义改造基本完成，社会主义基本制度在我国建立起来。经济上，生产资料所有制发生了根本性的变革，社会主义公有制成为我国经济制度的基础。政治上，国体和政体实现了高度统一，人民民主专政和人民代表大会制度确保人民能够当家作主，中国共产党领导的多党合作和政治协商制度、民族区域自治制度持续健全。文化上，坚持党的领导和以马克思主义为指导，坚持“为人民服务、为社会主义服务”方向和“百花齐放、百家争鸣”方针，为文化制度、文化管理体制奠定了基本原则和方法。1954 年，《中华人民共和国宪法》确立了以宪法为核心的社会主义制度的法律框架。1956 年，在党的第八次全国代表大会上，毛泽东宣布：“社会主义的社会制度在我国已经基本建立起来了。”② 社会主义基本制度的确立，为新中国的一切发展进步奠定了根本的政治前提和制度基础。

经历了“文化大革命”，我们党更加深刻地认识到制度建设的重要性。1979 年，邓小平在讲话中指出民主和法制两手都不能削弱，“民主和法制，这两个方面都应该加强，过去我们都不足。要加强民主就要加强法制。没有广泛的民主是不行的，没有健全的法制也是不行的。我们吃够了动乱的苦头。” ③ 邓小平认为，一定要从制度方面来根本性地杜绝“文化大革命”这样的错误，他也对制度建设提出了更高的期望，1992 年南方谈话他如是

---

① 习近平：《牢记历史经验历史教训历史警示 为国家治理能力现代化提供有益借鉴》，《人民日报》2014 年 10 月 14 日，第 1 版。

② 《中国共产党第八次全国代表大会文件》，人民出版社，1980，第 79 页。

③ 邓小平：《邓小平文选》第 2 卷，人民出版社，1994，第 189 页。

说："恐怕再有三十年的时间，我们才会在各方面形成一整套更加成熟、更加定型的制度。"[①] 党的十四大以来直至党的十九大，我们党从推进党和国家领导制度改革开始，在社会主义经济领域、政治领域、文化领域乃至社会领域、生态领域等各领域不断坚持和完善社会主义制度，不断实现新的理论突破和制度创新。2019 年，党的十九届四中全会围绕坚持和完善中国特色社会主义制度进行了系统总结和新的部署：

在党和国家领导制度方面，我们党旗帜鲜明地提出，中国共产党是中国特色社会主义最本质的特征，是中国特色社会主义制度的最大优势，党是最高政治领导力量；要坚决维护党中央权威，健全总揽全局、协调各方的党的领导制度体系，把党的领导落实到国家治理各领域各方面各环节。为此，要建立不忘初心、牢记使命的制度，完善坚定维护党中央权威和集中统一领导的各项制度，健全党的全面领导制度，健全为人民执政、靠人民执政各项制度，健全提高党的执政能力和领导水平制度，完善全面从严治党制度，确保党始终走在时代前列，不断增强执政本领，始终成为中国特色社会主义事业的坚强领导核心。

在政治制度方面，我们党始终坚持和完善人民当家作主制度体系，发展社会主义民主政治，坚持走党的领导、人民当家作主和依法治国有机统一的中国特色社会主义政治发展道路。为此，我们要坚持和完善人民代表大会制度这一根本制度，坚持和完善中国共产党领导的多党合作和政治协商制度，巩固和发展最广泛的爱国统一战线，坚持和完善民族区域自治制度，健全充满活力的基层群众自治制度。我们要全面推进依法治国，坚持依法治国、依法执政、依法行政共同推进，坚持法治国家、法治政府、法治社会一体建设。我们要坚持和完善中国特色社会主义行政体制，构建职责明确、依法行政的政府治理体系。

在经济制度方面，正确处理社会主义公有制与非公有制经济的关系、正确处理政府与市场的关系是制度和体制改革的关键。我们要坚持和完善社会主义基本经济制度，坚持公有制为主体、多种所有制经济共同发展，按劳分配为主体、多种分配方式并存；加快完善社会主义市场经济体制，充分发挥市场在资源配置中的决定性作用，更好发挥政府作用。此外，我们还要全面贯彻创新、协调、绿色、开放、共享的新发展理念，完善科技

① 中共中央文献研究室编《十三大以来重要文献选编（下）》，人民出版社，1993，第 1853 页。

创新体制机制，建设更高水平开放型经济新体制，推动经济高质量发展。

在文化制度方面，我们要坚持和完善繁荣发展社会主义先进文化的制度，巩固全体人民团结奋斗的共同思想基础；要使全体人民坚定文化自信，使文化承担举旗帜、聚民心、育新人、兴文化、展形象的使命任务。为此，我们要坚持马克思主义在意识形态领域指导地位的根本制度，坚持以社会主义核心价值观引领文化建设制度，健全人民文化权益保障制度，完善坚持正确导向的舆论引导工作机制，建立健全把社会效益放在首位、社会效益和经济效益相统一的文化创作生产体制机制，更好地满足全体人民日益增长的精神和文化需要。

在社会制度方面，我们既要加强以民生福祉为旨归的社会制度建设，又要推进共建共治共享的社会治理制度建设。要坚持和完善统筹城乡的民生保障制度，满足人民日益增长的美好生活需要，更加注重加强普惠性、基础性、兜底性民生建设，保障群众基本生活，着重促进就业、教育、社会保障、医疗健康这四个方面的体制机制建设，尽力而为、量力而行地增进人民福祉，使改革发展成果更多更公平惠及全体人民。要加强和创新社会治理，完善党委领导、政府负责、民主协商、社会协同、公众参与、法治保障、科技支撑的社会治理体系，建设人人有责、人人尽责、人人享有的社会治理共同体，确保人民安居乐业、社会安定有序，建设更高水平的平安中国。

在生态制度方面，要坚持和完善生态文明制度体系，促进人与自然和谐共生。生态文明建设是关系中华民族永续发展的千年大计。要践行绿水青山就是金山银山的理念，坚定走生产发展、生活富裕、生态良好的文明发展道路，建设美丽中国。为此，要实行最严格的生态环境保护制度，全面建立资源高效利用制度，健全生态保护和修复制度，严明生态环境保护责任制度。

此外，党的十九届四中全会还针对军队和国防制度、祖国和平统一制度、外交制度、党和国家监督体系等进行了系统总结，并对之提出应当坚持和完善的方向和要求。总之，坚持和完善中国特色社会主义制度、推进国家治理体系和治理能力现代化，是实现“两个一百年”奋斗目标的重大任务，是把新时代改革开放推向前进的根本要求，是应对风险挑战、赢得主动的有力保证，是创造和守护中国特色社会主义建设成果的根本条件。

而中国特色社会主义制度建设本身就是中国特色社会主义建设的伟大成果之一，正是以中国特色社会主义制度体系为载体，马克思主义、科学社会主义才由理论生成为实际，焕发出勃勃生机。

第二节　制度的文明功能

制度文明是指制度自身具有文明属性，而制度下的文明则是指制度规约下的人的文明。制度下的文明主要是通过制度发挥其功能和作用，通过对个体的塑造而完成的人的社会化，推动社会文明进步。狭义的社会文明即人的文明，包括个体和群体的文明，它是在制度为里、行为其表的关系中，由个体所展现的社会文明与人的文明的外观和外显。制度的文明功能，就是制度促使人朝向文明、变得文明的功能，这主要是通过制度的整合性功能、规范性功能、形成价值共识等具体功能等来实现的。

一、制度的整合性功能

“制度”与“社会”息息相关，可以说，制度离不开社会，因为不结合成社会团体的个体是不需要制度的；反之亦然，社会也离不开制度，离开了制度，社会乱象简直不可想象，甚至难以成为社会。个人进入社会，就面临着个人与他人、个人与社会的关系。这些关系可能是对资源的需求与分配，可能是复杂劳动前提下的分工合作，可能是小群体内部的规则与秩序，可能是一个群体与另一个群体之间的关系。多元的社会关系通过什么来调节，人们如何在社会中和谐共生呢？此时，制度就起到了非常重要的作用：整合社会关系，促进社会文明程度。

制度起源于人与人之间的社会交往关系。马克思、恩格斯在《德意志意识形态》的“费尔巴哈”章“共产主义——交往形式本身的生产”一节中说:“现存的制度只不过是个人之间迄今所存在的交往的产物”[①]。“全部人类历史的第一个前提无疑是有生命的个人的存在”[②]，马克思、恩格斯的

① 中共中央马克思恩格斯列宁斯大林著作编译局编《马克思恩格斯全集》第3卷，人民出版社，1960，第79页。

② 中共中央马克思恩格斯列宁斯大林著作编译局编《德意志意识形态》（节选本），人民出版社，2003，第11页。

"个人"指"现实的个人"。"现实的个人"所展开的历史活动，无论是物质生产、精神生产，还是人本身的繁衍，都是在一定社会关系中进行的。这种关系并非简单的个人甲与个人乙之间的关系，因为这种关系是偶然的，并不具有普遍必然性。甲与乙的简单交往是社会关系的随机表象，真正的社会关系隐藏在表象之后，像一只看不见的手，却支配着个体之间富有生命力的交往，这种关系已经形成为一种相对稳定的结构。这种相对稳定的社会关系所揭示的，正是"制度"二字的内在规定性。制度形成于社会交往关系之中，却在达到一定的稳定性之后对社会活动起到整合的作用。正如高兆明教授所言："制度是稳定的社会交往关系及其结构，它是人类一切文明活动的客观前提与基础，并对人类一切文明活动具有整合与规范功能。"①

从社会结构的角度来理解"制度"，在其他思想家的论述中也有迹可循。如英国社会学家安东尼·吉登斯（Anthony Giddens）曾用"结构性特征"这一概念，来指称"制度化了的特征"②。在吉登斯看来，社会的结构性特征是社会再生产的基本特征，而"结构"最重要的特性，就是被"制度"所制约和反映的规则和资源。制度对社会中的人的制约，不仅是外在的、形式上的，而且直接从根本上影响人的社会实践形式，这种影响经过积淀，从本质到程序，系统地影响个人和社会生活。可见，在吉登斯的论断中，制度在社会关系和社会生活中，发挥着基础性的整合作用。

制度的整合性功能基于社会本身——个人与社会的关系——的需要而产生。在个人与社会的关系中，存在着复杂的组织形式。从人类（而不是其他动物）能够征服地球的角度来看，荀子在《荀子·王制》曾给出简单的哲思性答案，"力不若牛，走不若马，而牛马为用，何也？曰：人能群，彼不能群也。人何以能群？曰：分。分何以能行？曰：义。故义以分则和，和则一，一则多力，多力则强，强则胜物"。在荀子眼中，人类有了分工合作和伦理秩序，才得以"一则多力""强则胜物"。荀子的推断或许不是科学的历史考证，却不失说服力。复杂的社会组织需要团结、有序、有分工合作的制度。

在真实的历史中，存在更有说服力的答案。远古时代的人属之下有多

① 高兆明：《制度伦理研究——种宪政正义的理解》，商务印书馆，2011，第9页。

② 同上书，第11-12页。

个人种，最后智人胜出。2018 年 7 月 30 日，德国马克斯 • 普朗克研究所和美国密歇根大学的科学家在《自然人类行为》杂志上共同刊发了一篇关于中、晚更新世（30 万—1.2 万年前）古人类在非洲大陆及非洲以外地区扩散的综述。论文的作者之一布莱恩 • 斯特瓦特（Brian Stewart）博士认为，智人的这种生态能力可能得益于更新世时期非亲属之间广泛的合作。“合作”即代表了某种有序的整合制度。

有学者认为，制度起源于人类社会资源的稀缺性。因为稀缺，人们需要互相依赖与合作以争取和维持自己的福利，这就需要制度以定序，否则就会发生暴力与战争[①]。人类之所以能够存续，是因为在分配稀缺资源的过程中，形成了能够彼此合作的种种制度，从而实现了资源的有效配置。但实际上，除了资源的稀缺性，工作的复杂性也是人们寻求合作与秩序的原因之一。高难度的任务并非个人可以胜任的，从原始时代捕猎大型动物，到现代社会纷繁复杂的社会分工，个体都难以独立存活。因而人与人之间形成社会并依赖制度来运转便是必由之路。在分工合作的社会中，制度集结了分散的个人，整合了复杂的社会力量，成为维系社会关系的纽带。

在社会治理的语境中，制度的整合性功能是显而易见的。社会治理是社会政治共同体的治理，它在起点上就排斥个人主义的存在论与方法论，因为单个人不需要制度，也不需要治理。因此，制度和治理概念本身的生成逻辑就是从社会关系的角度而非个人关系的角度去思考。汤因比曾论断：“制度是人和人之间的表示非个人关系的一种手段，在所有的社会里都有”[②]。因而制度基于整体性思维模式而建构，是对整个社会结构及社会关系的整合、约束。

二、制度的规范性功能

制度生成于社会之中，对社会关系具有整合与纽带的作用。制度的这一特征为它展开第二种功能提供了前提与要求。当分散的个人集合为社会，理论上是有多种可能的存在形态的，或一盘散沙，或弱肉强食，或纷乱无序，这些都不是理性的人所喜闻乐见的。因而，制度的第二个功能变应运而生——规范、制约社会秩序。

---

① 李建德：《制度及其演化——方法与概念》，格致出版社、上海人民出版社，2019，第 487 页。

② 汤因比：《历史研究》（上），曹未风，等译，上海人民出版社，1959，第 59 页。

如果说制度的第一个功能负责整合，那么它的第二个功能则是负责治理。在大多数人的常识里，制度就是规则或规范，是用来规范个体行动的一种社会要求或社会结构。换句话说，制度就是用以约束个体在社会关系中的行为的一种相对稳定的社会建制。当分散的个人集结为人类社会时，不可避免地存在各种矛盾与冲突，此时“制度作为秩序的支撑力量，体现在社会生活的方方面面”①。

国外曾有学者②指出：大量的陌生人，并不关心彼此间的福祉，却能以集体收益的方式去行事，为何？答案就是制度这一纽带。在制度形成之后，它会潜移默化地规范社会中个人的行为。不同的人之间有不同的磁场，在彼此容易相处时，成为朋友或者谈合作，都很容易。但是在那些彼此并没有多少共同点的人之间，如何谈成业务合作呢？可能基点之一就是双方对彼此有正常的预期，这一预期基于潜在的社会规则——即制度所赋予或施加到个人身上的影响。而那些不遵守规则的人，当然也很难达成合作共识。这就是制度以“规则”之手对社会秩序的影响。

前文提到，人们集结成社会的原因之一是资源的有限性。当面对有限性资源时，社会分配的规则就显得尤为重要。制度在此时发挥的作用，在罗尔斯对正义的论述中最容易理解。罗尔斯把制度理解为一套公开的规则体系，在讨论权利与义务的分配时，以“无知之幕”开始，利用反思平衡等理性思考，确定“规则”。这种规则在社会的方方面面发挥着事无巨细的作用，成为资源分配、社会中个人权利与义务的确定依据。此处我们不对罗尔斯的理论进行价值判断，仅参考制度在社会中发挥作用的方式。

以规则形式出现的制度，最初规范的只是人的行为。每个人依照制度规定履行自己的权利与义务。当这种行为内化到思维方式中的时候，制度就和人融为一体了。此时，制度的规范、制约社会秩序的功能就能充分体现出来了。制度是个人与社会之间的桥梁，它一方面具有整合与维系社会关系的作用，另一方面具有规范、制约社会秩序的功能。这两种功能也是制度的两个基本特征。在社会治理过程中，“制度”的使命就是整合与维

---

① 徐贻军、何德平：《制度的笼子》，中信出版社，2016，第 69 页。

② 此处指萨缪 • 鲍尔斯（Samuel Bowles）在其《微观经济学：行为、制度和演化》一书中所提出的观点。具体请参见李建德：《制度及其演化——方法与概念》，格致出版社、上海人民出版社，2019，第 488 页、第 882 页。

护社会秩序，让人们在制度下享有秩序与安全。

三、制度与价值共识

制度是在社会形成过程中应运而生的，社会秩序的正常运行依赖制度保驾护航。但这主要是从制度的工具理性着眼的。然而人们时常会忽略，冷冰冰的制度，由表及里都蕴藏着价值理性。不同社会的人们都追求一种“好”的制度，制度的制定、运行不仅要符合正义要求，制度本身更会引导社会趋善避恶。制度的价值理性至少体现在三个基本层面：制定制度过程中的程序正义、制度对自身的要求以及制度内容所追求的价值。

第一，从程序上看，现实社会任何制度的出台都会经历一系列复杂的论证，从理论上看，它蕴含着一种信念，即：符合程序正义原则，并用程序正义保证实质正义。在社会治理过程中，无论是具体体现为法律、法规还是其他政策性规定，任何制度的出台都需与宪法精神相一致，并在相应合理的范围内或行业内经过充分的调研、论证，听取多方的意见，确保这一过程是公平、公正、合理的。这也是现代文明对制度文明的基本要求。在制度的制定过程中，不是一个“人”，而是一套“程序”在运作，这套“程序”或许可以站在卢梭立法者的立意之下。程序该以人为本，但是要发挥制度的制衡作用，人性有善恶，制度的设计要发挥人性的优点而遏制其弱点，形成有效的公共制衡。正是在这种意义上，制度规定了社会成员的权利—义务关系，并引导公民向善。

第二，从秩序对自身的要求来看，一种好的制度，应该是“完善”的。其核心要义有两点：首先，良好的制度应形成“系统、完整、自洽的制度体系”①。制度自身的建构，从宏观上看，应是完整自洽、自成体系的；从微观上看，应是逻辑严谨、制衡入微的。充分考虑个人在社会中的权利与义务关系，体现制度的公平性、社会性与时代精神。其次，良好的制度应是有效力与效率的。制度不是摆设，颁布之日起即可上传下达、发挥其约束力。从形式上具有普遍性，效力在相应社会范围内普遍适用。另外，制度在完善的同时，需实用，切勿因盲目追求系统完善而忽视了制度运行的效率。此处效率不仅指制度在社会中运行的高效性，更重要的是制

① 高兆明：《制度伦理研究——种宪政正义的理解》，商务印书馆，2011，第 53 页。

度要深入人心，才可有活力并生生不息。

第三，从秩序内容所追求的价值上看，貌似冰冷的制度，通常体现着温度，这是制度的精神。在古代传统社会中，制度是带有阶级性、压迫性和不平等性的。随着时代的进步，在现代社会中，制度通常会指向美好的社会价值——诸如公平、善良、和谐与发展等。关于社会制度的指向，在法律领域，学界通常有程序正义与实质正义之争；在政治哲学领域，通常有正义与善何者优先之争；在社会治理过程中，我们提倡多种价值，引导社会朝着更美好的方向发展，如社会主义核心价值观。这些价值通常会体现在制度的设计中。我们用法律手段解决道德领域的突出问题，就是制度设计体现价值指向的典型体现。如《民法典》第一百八十四条："因自愿实施紧急救助行为造成受助人损害的，救助人不承担民事责任。"这是在鼓励助人为乐的善行。如泸州遗赠案（公序良俗第一案）[①]的宣判结果，意在遏制不良社会风气。如失信惩戒制度，让失信者寸步难行。因而无论宏观还是微观的制度设计，都体现着制度本身的价值理性。

制度是在一定的社会文化和历史背景中形成的，是一定社会中的人们对"应做"之权利—义务关系的共同认知。因而制度在一定的社会范围内，从"共识"演变为"集体记忆"。作为共识的信息，最初可能只是起到规范与整合作用，当个体将这种集体意识内化到个人意识并传承下去的时候，这种共识便变成了"集体记忆"[②]。无论称之为"共识"，还是"集体意识"，这种统一的认知规范促成了制度传统，其本身也是一种文化传统。这种文化传统将是深入而有某种恒定性的。人们对制度的认同，出其表，是对制度规则的承认与遵守；究其里，是对制度背后价值理念的认同。在理想状态下，这种认同是深刻的，对制度的这种认同构成了人们公共生活的基础。

综上，制度通过其整合性功能、规范性功能和形成并凝聚价值共识的功能，使社会关系和社会生活按照"人性"的尺度来组织，使个体按照

① 蒋某与黄某于 1963 年登记结婚，婚后收养有一子。1996 年，黄某与张某相识并开始在外租房公开同居。2001 年 1 月，黄某因病住院，住院期间蒋某照顾黄某。同年 4 月，黄某立下遗嘱，将财产赠与张某。后黄某去世，张某因与蒋某就继承遗产发生争议，诉至法院，被法院以违反公序良俗为由驳回，后上诉再次被驳回。

② 可参见李建德：《制度及其演化——方法与概念》，格致出版社、上海人民出版社，2019，第 490-496 页。

“人性”的、“社会性”的尺度来产生思想和行为，从而告别自然状态下的自发和野蛮，并由较低文明程度走向更高阶段的文明程度。这里的“人性”不是抽象的人性，而是马克思所说的作为“一切社会关系总和”的人性，是社会实践论基础上不断形成、丰富和发展的人性。现代社会的一个突出特质就是公共领域不断扩大，这使得社会关系和社会生活的丰富性和复杂性程度更高，这也意味着“人性”的内涵更加丰富和复杂。在这种情况下，“何谓文明”有了更加宽广的视域，同时也有了更加细化的标准。因此，文明的界定和衡量都需要进一步发挥制度的作用，以使人们能够按照符合社会发展客观规律的方式来思考和行动。

四、中国特色社会主义制度的价值内核

现代文明制度的构建总是以一定的价值观为先导，从制度设计的目的和形式、社会治理方式到人的身份地位等，都根据并反映出一定的价值观特别是核心价值观。中国共产党在认真总结社会主义探索和建设经验教训的基础上，把马克思主义基本理论与中国传统优秀文化相结合，同时汲取了人类文明的优秀成果，提出了社会主义核心价值体系，并提炼出社会主义核心价值观，概括了中国在国家、社会和个人层面的主流价值取向。社会主义核心价值观是贯穿中国制度文明创制的一条主线。

富强、民主、文明、和谐是国家总体和整体建设上的价值目标和价值准则。从狭义的国家制度，即政体和政权组织形式上来说，民主是当代中国国家制度的核心价值。民主的核心要义是人民主权、人民当家作主，但对于实现这一要义的具体方式，中西方有着截然不同的制度安排。当代西方国家的民主制度在普选制、多党制、三权分立等制度不断成熟完善的过程中，最终将“投票选举”尤其是“全民普选国家最高领导人”奉为民主的圭臬。对于西方的这种投票民主，习近平总书记说：“人民只有投票的权利而没有广泛参与的权利，人民只有在投票时被唤醒、投票后就进入休眠期，这样的民主是形式主义的。”[①] 与西方的形式民主不一样，中国所追求和践行的是实质的、常态化的民主。我国宪法规定了我国的国体是人民民主专政，我国的政体是人民代表大会制度。在此基础上，我国创立了三

① 习近平：《在庆祝中国人民政治协商会议成立65周年大会上的讲话》，《人民日报》2014年9月22日，第2版。

项基本政治制度：一是中国共产党领导的多党合作和政治协商制度，其实质是政党间的民主和平等；二是民族区域自治制度，其实质是民族间的民主和平等；三是基层群众自治制度，其实质是基层民主。正是这些制度安排，实现了习近平总书记所指出的："人民当家作主必须具体地、现实地体现到中国共产党执政和国家治理上来，具体地、现实地体现到中国共产党和国家机关各个方面、各个层级的工作上来，具体地、现实地体现到人民对自身利益的实现和发展上来。"①

自由、平等、公正、法治是社会建设上的价值目标和价值准则。其中，法治是社会治理和社会文明的核心价值。现代法治首先区别于传统人治。传统人治社会也要依靠法律，但并不是法治社会。法治以法律为基础，但法治之"治"是动词，除了包含"法律制度"之外，还包含立法、执法、司法、守法等一系列与法相关的活动。古代法治只有"以法治国"（rule by law）的含义，而现代法治不仅包容这层含义，而且更侧重"依法治国"（rule of law）这个含义。"以法治国"体现的是专制之法，其特征有二：一是统治阶级立法、被统治阶级守法形成鲜明的分工和对立，广大人民根本不可能参与到法律制定中去，而只能是被法律所统治的对象；二是统治阶级特别是君主是超越于法律之上的，法律治不到君主头上去，也就是说个人意志超越于法律权威。与之相对，"依法治国"体现的是民主之法。其特征也有二：一是人民根据民主程序来立法、司法、执法和守法，实现立法与守法在主体上的统一，这是人民真正的自我统治；二是法律至上，对从人民主权当中分化出来的公权力进行制约，这是现代法治才有的目标和能力。在当今中国社会，"将权力关进法律和制度的笼子里"已经成为党和人民的共识。因此，现代法治的"应当"或者说规范性承诺的关键价值是民主，现代法治是以民主为基础和前提的法治。正因如此，现代法治才能够充分地保障人的自由与平等，维护社会的公平正义。

自由、平等直接构成现代社会自我组织、自我管理的价值前提。在传统社会，宗法制的人身依附关系，决定了人与人之间天然的不平等，也决定了个体的不自由。政治统治的制度安排的主体和受益者都是统治阶级。无论是律法还是宗法制的道德政治实践，归根到底都是体现统治阶级的意

---

① 习近平：《在庆祝中国人民政治协商会议成立65周年大会上的讲话》，《人民日报》2014年9月22日，第2版。

志，维护统治阶级的利益。尽管中国传统文化里有民本论，也有“民贵君轻”的说法，似乎也考虑到了民众的主体性及其利益，但君主制下所谓的“民本”或“民本主义”绝不是某些学者所认为的那样属于中国式的民主思想[①]，而是儒家针对人治、德治所提出的一种道德理想。民本思想虽然可贵，但在古代君主专制的条件下，它充其量也只是德治外衣包裹下的人治，是有利于维护君主专制的一种手段，而不是目的本身。只有在现代民主制和法治条件下，民本才不再是君主自上而下的“首肯”，而是民众自下而上获得自由、平等之后的自主。现代制度文明充分彰显了社会成员的主体地位，自由、平等地参与到社会事务中去。与此同时，个人的社会角色也发生了巨大变化：传统社会的民众要做的是“顺民”，而现代社会的民众要做的“公民”。法律保障的自由和平等权利为公民的生存和发展提供了必要条件，而公民积极参与公共事务实践则是自由、平等的社会化生成。因此，自由、平等既是一种现代公民的基本素质，也是整个社会的生态和环境。只有公民珍惜和运用好个体的自由和平等权利，才能为创建一个文明和谐的社会共同体创造更好的条件。

爱国、敬业、诚信、友善是个体发展和个体文明的价值准则。从当代中国社会自组织、自运行的方式来说，友善是社会个体、群体之间以及社会群体内部实现有序稳定运转的润滑剂。友善是中华优秀传统道德的创新性转化和创造性发展，也是社会主义先进文化不同于资本主义文化的一个特色所在。友善是指处理主体间关系的基本准则，包括人与人的关系、群体与群体的关系乃至国家与国家的关系。友善在人们日常生活中的价值导向是鼓励友爱相待、友善互助，以人性的方式对待人，而不是以利益为先导，坚持自我本位主义，最终造成人际间关系的疏离、淡漠甚至破裂。在一定程度上，友善是克服西方个人至上主义、权利至上主义的一剂良药。如果一个社会的人们都只讲个人的权益，哪怕是符合法律和规则的正当权益，也很难避免人与人之间的相互对立甚至是相互伤害；而友善，则天然地以“他者”的需要特别是情绪需要为主要考量。可以说，友善最突出地表明：中国特色社会主义社会文明的发展目标是既要建设“法理型”社会，也要建设“情理型”社会。所谓“情理型”社会，就是这个社会“对做人、做事及其判断不是单从理性的、逻辑的思维和条文制度规定的角度

① 周桂钿：《儒家民本观》，《湖南社会科学》2009 年第 1 期。

来考虑，还从具体的情境的和个别性来考虑”①。中国人在协调社会关系或人际关系时从古至今都推崇“合情合理”、“通情达理”、“于情于理如何如何”，即是希望人们做人做事时兼顾情理、情理交融，不能得理不饶人。

社会主义核心价值观从上至下贯穿国家宏观层面的各项制度、社会中观层面的各项制度、公民微观层面的日常行为规范体系之中，是当代中国制度文明的价值内核，为制度提供合法性和合理性的根本依据。合法性是现代社会管理和治理的首要问题。在古代社会，制度可以倚仗权力强制性地实施，但在现代社会，随着个体主体性的觉醒，制度要让个体按照其规则来实施行为，就必须首先具有合法性或者说正当性。“制度创立过程的核心，是要具备能力可以找到一种可信的方式来影响他人的期望，并且使之成为整个社会公认的预期行为。”②当代中国制度文明的进一步发展必须始终符合社会主义核心价值观的正确导向，这样制度才能够充分发挥其整合性与规范性功能，并对公众行为施加普遍性的影响。

第三节 社会治理现代化与现代公民的养成

新时代社会治理体系要转化为真正的社会文明，在完成其顶层设计框架之后，需要从制度上确立下来，必须坚持和完善共建共治共享的社会治理制度。制度具有公共性、共享性与相对稳定性，是大家的共同行为准则，社会制度就是通过创造和维持这些社会准则来影响行为。伊格尔顿指出：“各种制度能塑造我们的内心体验，它们是再教育的绝佳工具。”③整个社会文明的发展，是社会文明制度与公民养成相互塑造的过程。一方面，社会治理水平的提升有赖于现代公民的形成；另一方面，个人是在制度完善、治理有序的文明社会中不断提升综合素质的。这两个方面为人的自由全面发展打下基础，是社会文明走向更高阶段的前奏。

① 翟学伟：《人情、面子与权力的再生产——情理社会中的社会交换方式》，《社会学研究》2004年第5期。

② 杰克·奈特：《制度与社会冲突》，周伟林译，上海人民出版社，2017，第131页。

③ 特里·伊格尔顿：《马克思为什么是对的》，李杨、任文科、郑义译，新星出版社，2011，第127页。

一、在参与社会治理中培育现代文明公民

社会治理的主体是公民，场域是公共领域，对象是公共事务。社会治理兴起的时代背景便是：现代社会的公共领域不断扩大，公共事务变得日益多样化、复杂化，原来国家或政府主导型的管理或治理模式日益捉襟见肘，与此同时，社会力量日益增长，广大公众的个体性与自主性也日益增强。在这种情况下，社会治理的兴起一方面破解了国家和政府治理的困境，另一方面为社会力量的展开提供了新的舞台。坚持和完善共建共治共享的社会治理制度，就是按照公共性和公益性的文明尺度，对个人提出了“公民”的要求，即积极参与社会政治共同体的公共事务的国民，这既是社会文明发展的时代特征，也是尊重个体、实现个体全面发展的时代要求。

一个合格的现代文明公民可能需要多重素养，但首先和首要的一点，公民应具有公共精神。公民是同私人相对而言的，每个公民同时是私人，但“公民”之“公”重在其蕴含的公共性，因而公共精神是“公民”一词本身对“民”提出的内在要求。对于公共精神，古今中外思想家们有诸多论述。《礼记·礼运》中就有“大道之行也，天下为公，选贤与能，讲信修睦”的论述，此处“天下为公”即天下是人们所“共有的”，“公”就是“公共的”之意。在古希腊的城邦文化中，公共精神被理解为公民对城邦的认同感与归属感，合格的公民是具有公共精神的。卢梭更是直接提出了“公意”的概念，其含义即是全体人民不可分割的共同意志，在社会事务中，每位公民的出发点都应该是公共利益，而不带任何私利。托克维尔认为公共精神是在正确理解私人利益的基础上参与公共生活。公共精神就体现在公民有热情地、平等的参与公共事务，而公民就是参与公共事务的人，没有参与就没有公民。总而言之，公共精神的“公共”二字，在涵盖两个基本问题——公共的社会生活与公共事务、具有公共关怀的公“民”——的基础上，核心要义是：公民能够正确处理私人利益与公共利益的关系，突出公共利益的重要性，具有公共理性与公共关怀，积极参与公共事务的精神。公共精神是文明社会对公民品德的内在要求之一。

每个人天生都是私人，有其自身的血缘关系和社会关系，但没有人天

生就是公民。公民的要义是参与公共生活，但公民也是在参与公共生活的实践中长成的。在当代中国社会，由私人向公民的转化正在广泛发生，但尚未真正完成。更多的个体首先是在市场经济的教育下变为一个有明确权利意识的私人主体，而市场化的私人主体虽然自在地处于庞大的社会关系网络之中和公共生活领域之中，但他本身对此还没有充分的认识，就很难以社会化的尺度和公益性的准则来指导自己的行为。尽管公共精神在一定程度上是公共领域形成和发展自然而然的结果，但这个过程太过缓慢，滞后于社会的需要。因此，国家和社会应该主动培育和倡导公共精神。

公共精神的培育总体上是一个家庭、组织、社会共同作用的系统工程。由于社会治理发生在公共领域，以公共事务为对象，因而参与社会治理正是培育公民公共精神的必经之路。首先，通过社会治理实践，公民能够直观地发现公共事务的存在，进而超越“私人”的视角，也超越私人消极自由的束缚，这是成为公民的第一步。以赛亚·柏林曾提出过两种自由的概念，并在此基础上区分了两种公民——消极公民与积极公民。与消极自由即“免于……”（free from）和积极自由即“去做……”（free to）的思想倾向一样。消极公民与积极公民在对社会公共事务的态度上，也有两种倾向。对待自由的态度，消极公民把自由理解为私生活不受干涉；而积极公民把自由理解为可以积极去做某事的自在状态。在对权利与义务的理解上，消极公民喜欢强调自己拥有权利，而淡化或逃避个人责任；积极公民把权利与义务放在天平的两端，意识到只有履行了个人责任，个人权利的实现才有保障。在对个人与社会的关系上，消极公民经常从“我”这个个人角度出发，“我”的利益是首先或唯一值得关注的；积极公民把个人融入社会之中，意识到个人是社会的一部分[①]。消极公民不作为，而积极公民有作为。因而，社会治理对公民的要求准确地说就是对积极公民的要求。

其次，通过社会治理实践，公民被推动去发现自身与公共事务的内在关联，发现个体私人利益与公共利益之间很可能存在难以调和的矛盾，从而或被迫、或主动地学会从“公共性”的角度来思考问题。对此，18至19世纪的西方民主主义者提供了有益的理论支持。他们还没有像20世纪的后辈那样，简单地将民主等同于投票程序，使得民主只剩下工具性价

① 叶飞：《道德教育与“积极公民”的培育——从以赛亚·伯林的两种自由概念谈起》，《苏州大学学报》2019年第4期。

值，他们还高度相信民主的教育理想和内在价值，即相信民主参与过程包含的“教育—学习”功能，有助于塑造更合格的民主主体。在卢梭那里，参与不仅指参与决策过程，而且是参与到社会制度和政治制度对人的心理影响和性格塑造的过程中，即广义的教育过程中。在参与时，个人“被迫”根据正义感来考虑事物，结果就是个人接受教育而学会区分自己的冲动和欲望，他既学会了如何成为一个私人公民，也学会了如何成为公众人物。最重要的是，这个教育过程将使个人发现公共领域的要求和私人领域的要求之间很少不存在冲突，他就可能改变对政治决策的求全责备，变得更为理性和宽容。因此，参与越频繁，认识越深刻，公共精神越能够茁壮发育。

最后，通过社会治理实践，公民以真实的、平等的公民资格参与其中，在享有公民基本权利的同时，履行公民的基本义务，从而实现在社会公共生活中的身份认同，从而建立自身与社会共同体休戚与共、命运相连的内在感知。只有通过日常化、常态化的社会治理实践，公民才能把公共精神的“公”字内化到灵魂深处，使之成为思维方式的一部分，自觉承担公民的政治责任和社会使命，发挥公共精神的价值引领作用。因此，一定不能认为只有“完美的公民”才有资格参与社会治理，而是说，社会治理的高水平发展需要更高素质的公民，但社会治理和公民养成都不是一蹴而就的过程。只有在社会治理的过程中，让公民主体与公共实践相互促进、相互影响和相互成就，才能广泛地造就公民人格。

二、当代中国公民文明素质的主要内容

坚持和完善共建共治共享的社会治理制度，并在这一制度保障下推进公民的社会治理实践。对此，公民文明素质的养成既是条件，又是结果。对于公民文明素质的主要内容，此前主要有“三个维度”和“四个着力点”的划分法。“三个维度”是指公民在治理和处理人与人、人与社会、人与自然之间的关系上所表现出来的文明水准，其核心价值准则都是“和谐”，即有益于人与人、人与社会、人与自然之间和谐的思想和行为可谓之文明。“四个着力点”主要是指公民道德建设上应抓好社会公德、职业道德、家庭美德和个人品德的建设，其路径是以道德来涵养文明。在社会

治理现代化视角下审视的公民文明素质，同“三个维度”“四个着力点”所强调的内容既有紧密联系，又有不同的侧重，可以大体归纳为以下几个方面。

一是“文明其思想”，即同公民的文明素质所关联的思想觉悟和思想风貌。在构建共建共治共享的社会治理格局的过程中，公民所需要、所形成的最重要的思想觉悟集中在个人与社会、个人与国家的关系的认识，其关键就是对于权利和义务关系、权利和责任关系的认识。这两重关系是现代民主政治社会条件下公民与国家、公民与社会之间关系的核心建制。权利意识是衡量现代公民素质的重要标准，但西方文明过于强调权利，造成权利本位主义甚至权利至上主义的道德困境，那就是对自我履行义务和责任的忽视，对他人利益、对共同体利益的漠不关心。与之相对，社会主义文明强调的是权利和义务、权利和责任相统一。因此，社会主义公民文明素质的一个重要标准，就是公民要在权利意识同义务意识、权利意识同责任意识之间维持一种平衡，甚至还要有条件地向义务意识和责任意识倾斜。没有权利意识，公民就不会行使参与社会治理的权利；而没有义务意识和责任意识，公民就很难着眼于共建共治共享的原则来投身社会治理共同体的建设。

二是公民的法治精神。法治是社会文明进步的表现，是社会治理的根本保障。法治作为一种制度原则，是坚持和完善共建共治共享的社会制度的内在价值准则。公民参与社会治理，既是在客观法治制度保障下的有序参与，也是在主观法治意识引导下的有序参与。没有法治制度保障的民主参与是脆弱的，而没有法治意识约束的参与则很可能“跑出轨”，走向破坏公共秩序、挑战法律底线和损害社会公共利益的反面。因此，社会治理特别是基层社会治理必须始终以法治、秩序为基础，尊重法律的权威。在社会治理的实践中，法治实践有助于社会公众从对法律的被动受治感变为主动的积极参与感，把法治看作自己当家作主、建设美好生活的“好伙伴”。由此，公民的法治精神得以生成，其具有表现为对法律至上的敬畏，对公正原则的认同，和对规则和程序的遵守等。法治精神体现的是现代人所特有的一种高度自由自觉并自主自律的理性意识，是人的文明进步的显著标志。

三是公民的道德水准。坚持自治、法治、德治相结合，是建设人人有责、人人尽责、人人享有的社会治理共同体的重要支撑。人们的道德水准以一定的物质财富为基础，它既在一定程度上由整个社会的文化水平即人民的受教育程度所决定，又在很大程度上直接由社会生活与社会关系中的制度和规范所塑造。道德是一种软约束，它不具备法律那样的强制力，但它却比法律作用的范围更加广泛，比法律更加如影随形、深入人心。社会治理当中的德治应该包含两个层面：第一个层面是以德治人，此“德”不是泛泛之德，而是社会主义道德体系，它以为人民服务为核心，以集体主义为原则。这是发挥道德在社会治理中的作用应该遵循的根本方向。第二个层面是“德人”之治，即有道德的人的自我治理及其所参与的社会治理。对“德人”的根本要求，就是坚持和践行社会主义核心价值观，做到明大德、守公德、严私德。提高公民道德水准，是推进社会治理改进完善的必要条件，也是促进公民个体自由全面发展的必然要求。

四是公民的文明言行。文明言行主要指的就是发生在公共领域的人的言语、行为和习惯所体现出的自律性和利群性的统一。社会中的一切文明行为可以说都是基于社会利益或者说群体公共利益而对个体进行约束的产物，大至文明礼貌、友善待人、助人为乐、爱护公物、保护环境等原则性要求，小至公共场所各类“不得”“禁止”的行为禁令，其方式都是通过约束个体行为来创建一个更加和谐的社会公共环境。而这些要求或禁令，本身就是社会治理的组成部分。文明言行既可以是人们拥有的文化知识和思想道德的对象化、外在化，也可以是外在制度、规则、规范直接制约的产物。因此，文明言行既在较高层次上蕴含着道德涵养，但也在较低层次上只是公民的基本规范，即文明与否并不是总能上升到道德问题，而很可能只是一个认知行为问题。文明言行是现代社会公民文明素质的窗口，也是影响人民美好生活的最小的、但并非最不重要的一个细节。因此，倡导文明言行，也是创建美好社会治理共同体的必要举措。对于公民个体而言，其一举一动、一言一行都应以自律性和利群性的文明准则为指南。

五是理性和感性的平衡发展。近代西方文明是以“理性人”的设定作为其哲学、政治、社会建构的起点的。理性的彰显本身就是人类社会文明特别是精神文明进步的一个显著标志。在社会治理中，理性作为一种方法，是规则之治、法治之治的基础，强调的是客观性、事实性和逻辑性等。公民参与社会治理，不仅需要良好的思想道德素质，还要有独立思考的能力。因为现代社会的问题多元而复杂，如何处理很多时候都没有现成的经验可以参考，必须借助公民的理性精神和实践智慧。而在一般性的社会治理事务上，理性精神表现为规则意识和契约精神。按照规则和契约（合同）来办事，自然是理性的，也是无可指摘的。但是，过于强调理性，忽视人都是有感情的、活生生的存在，忽视人与人之间的温情与温度，就很容易造成人与人之间的隔膜、误解甚至对抗，引发不必要的矛盾甚至造成相互伤害。因此，社会主义的人的文明要超越西方文明的“理性人的计较”，发扬中华民族仁人爱物的友善传统，追求理性与感性的平衡发展，这也是人的自由全面发展的应有之义。

三、推动人的全面发展与社会全面进步

马克思在《关于费尔巴哈的提纲》中提出：“人的本质不是单个人所具有的抽象物，在其现实性上，它是一切社会关系的总和。”① 即人的本质不是抽象的，而是具体的、现实的，是在社会关系中形成的。社会的进步与人的发展是个相辅相成、相互促进的过程。一个个现实的个人创造了历史，推动社会文明不断前进；而随着社会文明不断进步，制度文明与人的文明在相互作用中螺旋式上升，推动个体不断朝向人的自由全面发展。有学者指出，制度“体现了社会集团的利益格局的变化要求和人性发展要求，是社会发展的激励因素。就此而言，在社会历史发展过程中，人的全面发展过程体现了人的生成的历史性与制度建构的历史”②。社会治理现代化作为制度文明与人的文明的结合，为推动人的全面发展与社会的全面进步开辟了新的实践空间。

一方面，社会治理现代化为人的全面发展创造了客观条件。马克思历史唯物主义的起点是“现实的人”，这些一个个具体的、现实的人以一定的方式进行生产生活，发生一定的社会关系和政治关系。人既在这样的关系中实现自己、展示人的本质的定在，也在这样的关系中发现自己本质的欠缺或匮乏方面。从现代社会的社会关系和政治关系的发展程度而言，公民社会的崛起、社会组织的发展和公民联合行动的涌现都表明：政治社会

① 中共中央马克思恩格斯列宁斯大林著作编译局编《马克思恩格斯选集》第 1 卷，人民出版社，1995，第 56 页。

② 徐斌：《制度建设与人的自由全面发展》，人民出版社，2012，第 132 页。

化已经成为一个不争的事实。这一事实意味着人的社会化程度变得越来越高，人民的美好生活需要愈加广泛，社会对人的发展也提出了更新、更高的要求。就此而已，社会主义的各项制度安排，包括社会治理制度，归根到底是创造有利于人发展的社会条件、社会关系、社会环境，为人民各项需要的满足和文明素质的提升创造新的条件。

另一方面，社会治理现代化是社会全面进步的内在组成部分。广义的社会文明包括物质文明、政治文明、精神文明、社会文明（狭义的）和生态文明。同资本主义片面追求物质文明发展的路径不同，社会主义应该追求和实现各领域、各方面的协同发展。社会治理现代化从社会结构而言，分属于社会领域的文明事业。但从社会治理的对象而言，社会事务中的政治、经济、文化、生态等问题往往是重叠或交融在一起的，因此，社会治理实际上涉及社会生活方方面面问题的治理。因此，社会治理可以说是经济、政治、文化、生态以及人的发展都不可或缺的中介和桥梁。社会治理的质量和水平，直接关系其他领域、其他方面的发展是否有一个良好的社会环境的支撑。当前，中国 40 多年快速发展的许多问题和矛盾都集中在社会领域。通过社会治理现代化推动社会体制改革，促进社会建设深化，加快社会秩序的合理构建，就是以社会领域的狭义社会文明为抓手，牵引带动广义社会的包括各个领域的文明，从而推动社会全面进步，增进全体社会成员的社会福祉。

人的全面发展与社会全面进步是一个一体两面的过程，一者侧重于人的本质的主体性占有，一者侧重于人的本质的对象化、客观化结果。因此，社会治理现代化一方面有助于公民个体实现更高程度的“社会化”，即按照社会利益和社会需要的尺度来参与社会建设，一方面有助于现代公民将其文明素养转化为社会定在形式，转化为社会建设成果。在一定意义上可以说，现代文明公民离马克思提出的“社会化的人类”更近了一步。“社会化的人类”是对市民社会的“原子式个人”的超越。但“社会化的人类”是马克思提出的关于未来社会人的本质形态的最高理想。客观地说，当前中国的社会形态仍是由市场经济所主导而形成的“以物的依赖性为基础的人的独立性”阶段。在这个阶段，从主体性角度审视的人的体力、智力、需要、个性、品质等各方面的能力素质都有了较高程度的发展，但从社会性角度审视的人的关系、任务、职责、使命等还相对薄弱。

马克思曾经指出："在社会主义的前提下，人的需要的丰富性具有什么样的意义，从而某种新的生产方式和某种新的生产对象具有什么样的意义。人的本质力量得到新的证明，人的本质得到新的充实。"[①] 社会治理现代化是中国特色社会主义对人的本质力量的证明、充实上问题的新的探索和实践，是不断提升人的社会化程度、朝向"社会化的人类"和"自由人的联合体"的必经之路。

① 中共中央马克思恩格斯列宁斯大林著作编译局编《马克思恩格斯文集》第1卷，人民出版社，2009，第223页。

后　记

社会治理现代化是国家治理体系和治理能力现代化的组成部分，是解决人民日益增长的美好生活需要和不平衡不充分的发展之间的矛盾的重要条件，是防范化解重大风险挑战的迫切要求。全面了解社会治理现代化的历史源起与现实境遇，准确把握社会治理现代化的基本原则和体系构成，深刻理解社会治理现代化与人的现代化的内在关系，对于加快推进社会治理现代化、促进人的全面发展和社会全面进步有重要的理论价值与实践意义。

《加快推进社会治理现代化》一书是颜晓峰教授主编的“全面建设社会主义现代化国家研究丛书（第 1 辑）”中的一册，入选 2021 年度国家出版基金资助项目。本书由颜晓峰教授审定框架设计。全书具体分工如下：第一、二章，陶红茹；第三、四、五、七章，屈婷；第六章，樊红敏；第八章，屈婷、骆夷。屈婷负责全书统稿。

衷心感谢天津大学出版社的大力支持和帮助，感谢出版社各位工作人员的辛勤付出！由于编写组能力水平的限制和时间、篇幅的制约，本书存在许多不足之处，真诚地希望各位专家、读者批评指正。

本书编写组

2021 年 3 月